AF296966

DIEU DEVANT PARIS.

Sous Presse, du même Auteur, pour paraître la semaine prochaine :

Le Voile enfin levé sur le Système universel du Monde, recherché depuis 6,000 ans.

Cet Ouvrage forme, par le seul développement de l'Unité et du nombre Deux, la première et la seule *Encyclopédie démonstrative.*

IMPRIMERIE DE POMMERET ET GUÉNOT, RUE MIGNON, 2.

DIEU

DEVANT PARIS

dans la Journée du 13 Juillet,

(INTERVENTION DIVINE ENTRE LA ROYAUTÉ ET LA RÉGENCE);

Par l'Auteur de *DIEU DEVANT LE SIÈCLE.*

« Un *Livre* seul peut *Démontrer* ce que le meilleur *journal* peut au plus *dire*, eût-il mille ans d'existence...

« Le *Livre* le plus *Sublime* serait précisément le contraire (et par conséquent le sujet de la plus profonde envie) des *journaux* les plus célèbres, qui ne sont pas *sublimes* apparemment. »

Le Comte de Maistre.

Omnis caro fœnum, et omnis gloria ejus quasi flos agri. Et cecidit flos, *quia spiritus Domini sufflavit in eo...* Exalta in fortitudine vocem tuam, qui evangelizas Jerusalem : *exalta, noli timere. Dic Civitatibus Judæ : Ecce Deus vester : Ecce Dominus Deus in* fortitudine veniet, et Brachium ejus dominabitur.

Isaï, 40.

PARIS,

TH. PITRAT, ÉDITEUR, RUE DE L'ÉPERON, 8.

HIVERT et Cᵉ, QUAI DES AUGUSTINS, 55.

ET CHEZ TOUS LES MARCHANDS DE NOUVEAUTÉS.

1842.

A l'Auguste

PATRONNE DE PARIS.

O Vous, que l'*Histoire de Paris* et même l'*Histoire de France* célèbre comme une des Gloires de la Patrie, j'aurai.... le courage, que vous me rendez facile, de vous nommer à la tête de mon livre :... au risque de scandaliser la Capitale et même la France entière que vous sauvâtes, à la lettre, longtemps avant Jeanne d'Arc, et qui Vous ont oubliée et calomniée comme elle :

> *Gallicæ Custos,*
> Genovefa Gentis !
> OFFICE DE SAINTE GENEVIÈVE.

Du haut du Ciel, Vous voyez Clovis à vos pieds Vous invoquer comme le soutien de son empire :

> Sublimis arcâ, cernis ut ad tuos
> Sternit recumbens se Clodoix pedes :
> Tuumque Francis, Diva, poscit
> Præsidium columenque rebus.

Car Vous êtes, puisque Vous fûtes, le Représentant de *Dieu devant Paris*, et par conséquent celui de Paris devant Dieu.

Après la *Vierge* de Louis-le-Juste et le *saint Michel* de Louis-le-Grand, Vous présidâtes la première à la fondation de la France comme à ses destinées.

Clovis a été converti par Vous avant de l'être par sainte Clotilde.

Saint Louis n'est venu qu'après Vous et sans doute par Vous.

Votre nom, votre intercession, votre puissance se trouvent aussi mêlés à tous les malheurs, à toutes les révolutions, et par conséquent à tous les bonheurs, à toutes les restaurations, à tous les saluts de Paris :

> Virgo, Decus Patriæ,
> Spes, Salusque Galliæ.
>
> PROS.

Les rois de France Vous ont adoptée, Vous ont pour Patronne et pour vengeresse spéciale ; et votre Berceau à la campagne, comme votre Cloître et votre Tombe à la Ville (*), semble avoir été incessamment l'Etoile des leurs.

Les Fidèles de Paris se rappellent à vos *Vépres* ces paroles remarquables du Roi David :

Dieu nous garde en *nos sorties*, et en *nos arrivées :*

Non det in commotionem *pedem tuum....* Dominus custodiat *Introitum tuum et Exitum tuum.*

Et à *Tierce :* Le Seigneur relève ceux qui sont brisés :

Erigit Elisos.

Et à *Laudes :* C'est Vous qui nous délivrez de tout mal :

Quia tu es qui Liberas ab omni malo.

(*) *Nanterre* et *Saint-Cloud*, et même *Neuilly*, se touchent, comme le *Palais-Royal* de Clovis et l'église *Sainte-Geneviève* du *Mont* ; et l'on enterra l'humble Bergère, à côté de Clovis le fier Sicambre, dans la vieille cathédrale de Paris, sous l'invocation de *saint Pierre et de saint Paul.*

Ne vouliez-vous pas prévenir jusqu'à nos dernières et royales douleurs ?

> Nostra tu foves Lilia :
> Regem servas à funere.
> . . . .
> Vitæ , mortis et arbiter,
> *Vitam donas et adimis.*
> . . . .
> Dum Principis periculo
> Gallus tremens expalluit,
> Dextræ tuæ miraculo
> *Tam carum Caput debuit.*

Les plus grands rois de France, ou les meilleurs, furent précisément ceux qui Vous furent
les plus fidèles et qui Vous invoquèrent le plus
solennellement dans les périls de l'Etat (1).

> Testis modestæ gloriæ Virginis,
> Cui prona flectit regia civitas
> Caput superbum, cui tremendi
> Subjiciunt sua sceptra reges (*).

C'est par Vous qu'ils se convertissent, et
qu'ils convertissent les nations et leur font élever des temples au vrai Dieu :

> Subruit per te simulachra Divum
> Ponit et Christo Clodoveus aras ;
> Jamque calcato Jove , subdit alto,
> Sceptra Tonanti.

C'est par Vous que l'Etat agité devient tran-

(1) Voyez à la fin.

(*) Office de Sainte-Geneviève *des Ardens.*

quille : *Non fuit qui perturbaret Israël post mortem ejus annis multis.* JUDITH., 16.

C'est sans Vous et comme en votre absence, qu'il est troublé (2) :

Dieu lui-même ne semble plus au milieu de nous (3) lorsque Vous avez cessé d'y être.

Ou, du moins, il n'est plus représenté que par ses Calamités.... Salutaires :

Nos jeunes hommes sont moissonnés comme les vieillards, et leurs cadavres s'entassent, comme les wagons enflammés de leurs fêtes :

> Plagâ quot senes inflictâ,
> *Juvenes* quot messuit !
> En continuis premuntur
> *Funera funeribus :*
> Laborantes obruuntur
> Fossæ cadaveribus.
> . . . .
> Dura nos, Deus subire
> Facis, *Vindex scelerum.*

O Sainte ! que toute votre Ville, enfin désaveuglée, revienne à Vous, à votre Temple, relevé de nouveau, comme il le fut un moment (celui de la gloire de l'Empire) :

> Omnis accurat rea facta voti
> Civitas, sectam celebrare lucem,
> Teque servatos Genovefa dicat
>   Auspice cives.

(2 et 3) Voyez à la fin.

Et, dans cette vue, daignez voir d'un regard protecteur des Livres que nous offrons à la France, comme nous lui offririons notre vie, et où nous ne craignons pas d'annoncer, sur la foi du Dieu qui nous inspire, que la France n'aura jamais de gloire et même d'existence propre, que lorsque son Roi, quel qu'il soit, Vous rendra votre Temple, à votre *Dieu* son Calvaire du Mont-Valérien, son Dimanche, et son droit de *Présence réelle* les jours de la Fête de son nom dans les rues de la Capitale de la France *Très-Chrétienne!*

A. **MADROLLE.**

NOTES DE LA DÉDICACE

NOTE (1) DE LA PAGE 4.

On a publié sous Louis XIV et réimprimé même sous le Régent, des « *Histoires de ce qui est arrivé au Tombeau de sainte Geneviève depuis sa mort jusqu'à présent, et de toutes les Processions de sa Châsse* »,—où marchaient en premières lignes les Princes, tous les Grands du royaume, tout le Parlement et toute la Ville de Paris.

Louis XII, le plus excellent des ducs d'Orléans, lui fit de royales offrandes et commandait ses processions à son avénement, à ses victoires, à ses malheurs : — une fois, le 28 *Juillet,* pour faire cesser une calamité atmosphérique désolante;—une autre, le 1ᵉʳ *Juillet,* lorsqu'il vit l'Europe se liguer contre lui.

Lorsque Louis-le-Grand fut emmené de Paris enfant, pour le sauver des fureurs de la Fronde, « La consternation fut générale, le Prévôt des marchands, accompagné des Échevins, alla dire et *remontrer* au parlement que TOUT PARIS demandait la descente de la châsse de la Sainte, et le Parlement rendit arrêt le 21 Mai 1652 qui l'ordonna, et le Roi revint à Paris au milieu des acclamations de joie. »

Le Roi majeur et depuis longtemps surnommé *le Grand* fit descendre, de son propre mouvement, la Relique en 1664 au lit de Marie-Thérèse, dangereusement malade, et «*tout d'un coup* la Reine se trouva *hors de péril,* ravie de la foi de son époux. »

Les derniers solennels Hommages rendus à sainte Geneviève par la Ville de Paris, au mois de *Mai* de la terrible année 1694, où nulle eau ne tomba *pendant six mois,* furent suivis tout à coup d'une pluie au moment où le

Chapitre de Sainte-Geneviève rentrait tranquillement dans son Eglise.

Cependant, le maréchal de Noailles remportait sa belle victoire sur les Espagnols.

La Régence, la monarchie qui la suivit, le dix-huitième siècle tout entier, si faibles, si coupables, si malheureux,... ne le furent que parce qu'ils méconnurent ou nièrent la raison et la source de la force et de la prospérité.

Louis XV, qui posa *la première Pierre* de la *Sainte-Geneviève* nouvelle (que *l'Office de la Sainte* appelle : *Ædem secli Prodigium*) le **6 Septembre 1757**, eut le malheur de sacrifier les autres pierres.... à la Révolution d'Amérique qui devait susciter la Révolution française....

> *. . Pendent opera interrupta, minæque*
> *Murorum ingentes! . . . .*

Et c'est alors qu'un Fidèle inspiré fit ces beaux Vers prophétiques, dignes d'être inscrits en lettres d'or à la place de l'athée et vile prose : *Aux grands hommes la patrie reconnaissante :*

> Templum augustum , ingens, reginâ assurgit in Urbe,
>   Orbe et Patronâ Virgine digna domus.
> Tarda nimis Pietas, vanos moliris honores !
>   Non sunt hæc cœptis tempora digna tuis :
> Ante Deo in summâ quam Templum erexeris Urbe ,
>   Impietas templis tollet et Urbe Deum.

Note (2) de la page 5.

Pour ne rappeler que les faits modernes et à l'adresse de tous : — la Convention et le Comité de Salut public remplacèrent la *Patronne de Paris*, le lendemain de sa fête , le **21** *janvier* **1793 !** — la fille de la pauvre raison humaine, la *Déesse-Raison,* remplaça la sainte Vierge à Notre-Dame et même à Sainte-Geneviève ! — à la suite de laquelle *Rai-*

son vinrent, en qualité de *Dieux* : — Mirabeau, — et puis Voltaire, — et puis Rousseau, — et enfin *Marat!*... qui fut depuis jeté par ses anciens amis dans l'égout Mont-*Martre!* (Voyez-en le tableau par le fameux Grégoire de la Convention, dans son *Histoire des Sectes.*)

« ...Mais les impies, dit M. de Boulogne, devaient passer encore à un *autre attentat.* Toute l'Europe a su celui qu'ils ont commis sur la châsse même de sainte Geneviève. Des suppôts de la Commune de Paris enlevèrent furtivement dans la nuit, *au mois de novembre 1793, cette Relique vénérée, et la brûlèrent, quelques jours après, devant une poignée de scélérats, sur la place* de l'opprobre, où viennent expier leurs forfaits les parricides et les empoisonneurs. Les profanateurs firent d'abord courir le bruit qu'on n'avait rien trouvé dans cette châsse, soit pour diminuer l'horreur que leur attentat pouvait encore inspirer, soit pour faire entendre au peuple qu'on avait abusé de sa crédulité. Mais le *Procès-verbal que la Commune de Paris fit ensuite publier*, et dont voici la teneur, prouve le contraire :

« Après nous être transportés dans un bâtiment situé à la Monnaie, après avoir reconnu que les scellés apposés sur la porte de la chambre où était enfermée la châsse de sainte Geneviève étaient sains et entiers, examen fait de ladite châsse, les susnommés ont reconnu que l'opinion publique avait été grandement trompée, etc..... »

La Restauration elle-même a profané, sans le savoir (et elle n'en était que plus coupable), le Lieu saint.

N'a-t-on pas vu jusqu'à la *Charte* (où tout se trouve hormis *Dieu*, et qui renfermait aussi le serpent qui devait la piquer) gravée dans l'intérieur de la coupole de *Sainte-Geneviève?*

C'est alors aussi, ou bientôt après, que Louvel fut Roi à l'*Opéra* (*), en 1820; — Roi le Pavé, en 1830; — Rois les

(*) Il est remarquable que le simulacre de Voltaire, modelé en

Pierres monstres, au lieu du Calvaire sublime…, en 1840 ; — et en 1842, le *Pavé* Roi au *Chemin de la Révolte*, à la vue et presque à la porte de l'Eglise de Sainte-Geneviève de Nanterre !

Louis **XVIII**, frappé du **13** *Février* **1820**, rendit la Basilique à Sainte-Geneviève le **3 janvier 1821**.

cire par Curtius, et un riche exemplaire de ses *OEuvres*, édition de Beaumarchais, placés sur un *Char* antique traîné par un quadrige de chevaux blancs, et parti de la *Bastille*, s'arrêta devant l'*Opéra*, où l'attendaient, pour célébrer son apothéose, tous les artistes de ce théâtre criminel,… qui méritait assez de voir sa place sanglante expiée par une Croix…

Et pourtant ce Voltaire avait consacré vivant une *Ode* à la Sainte, que la Révolution voulut lui faire profaner mort !

> Oui, c'est Vous que Paris révère,
> Comme le soutien de ses Lys ;
> GENEVIÉVE, illustre bergère,
> Quel bras les a mieux garantis !
> Vous qui, par d'invisibles armes,
> Toujours au fort de nos alarmes,
> Nous rendîtes Victorieux,
> Voici le jour où la mémoire
> De vos bienfaits, de votre gloire
> Se renouvelle dans ces lieux.
>
> Eh ! quoi, puis-je dans le silence
> Ensevelir ces nobles noms,
> De PROTECTRICE DE LA FRANCE,
> ET DE FERME APPUI DES BOURBONS ?
> Jadis nos campagnes arides,
> Trompant nos attentes timides,
> Vous durent leur fertilité ;
> Et, par votre seule prière,
> Vous désarmâtes la colére
> Du Ciel contre nous irrité.

Est-ce pour ces strophes que MM. de la révolution ou de la philosophie ont voulu que Voltaire trônât ou *gît* au Panthéon ?

Voltaire, qui a perdu la France, comme J.-J. Rousseau lui-même l'a dit, Voltaire à la place de Sainte-Geneviève qui l'a sauvée !

C'est là, là seulement, que se trouvait et que se perpétue encore la *Révolution !*

Note (3) de la page 5.

Nous *nommons Dieu* jusqué dans les Chambres, sinon sans foi, au moins sans conséquence ; nous le nommons, et, plus que nous ne croyons, à la façon de Louvel, comme un *Mot*, plus ou moins sonore, poétique, *à effet.* — Et il est de nouveau vrai de dire que *tout est devenu Dieu excepté Dieu même.*

Nous nous croyons comme Dieux, tous ; ceux qui doivent le plus à l'*Eternel* donnent son nom à leur monarchie, telle qu'ils l'ont faite, d'un moment peut-être.

Et l'on voit enfin triompher, c'est-à-dire menacer, de concert, le *Panthéisme* de l'Université et le *Panthéon* de la Révolution.....

C'était assez le temps du *Prêtre devant le Siècle*, — de *Dieu devant le Siècle*, — et enfin de *Dieu devant Paris :*

Les seuls livres du Siècle où l'on ne se conforme *en rien* au Siècle, selon les *Litanies* de sainte Geneviève : *Ut non conformemur huic Sæculo.*

Il s'agit de démontrer, par un seul fait, mais immense, la plus belle des *Pensées* de Pascal, qui, selon M. de Châteaubriand, « tiennent autant de Dieu que de l'homme » : « TOUTES choses couvrent quelque mystère, TOUTES choses sont des voiles qui couvrent Dieu : les Chrétiens doivent le reconnaître en TOUT » ;

Et de redire, en tout cas, les plus beaux *Vers* de Pompignan à Louis Racine, dont le *Fils unique*, lui aussi, venait de périr au tremblement de terre de Lisbonne :

> Des vents resserrés dans leurs chaines,
> Et des fournaises souterraines,
> Ils nous expliquent les effets ;
> Et pas un seul d'entr'eux ne pense
> Que c'est sans doute la vengeance
> D'un Dieu qu'irritent nos forfaits.

Ils écartent ses lois suprêmes,
Et s'efforcent par leurs problémes
D'anéantir *le Vrai Moteur* :
Recherches pleines d'imposture,
Qui trouvent tout dans la nature,
Hors le pouvoir de son Auteur.

Laissons là ces mortels sublimes,
Traiter d'essais pusillanimes
Les traits de nos humbles crayons ;
Qu'à leur essor ils s'abandonnent ;
Ce sont des sages, qu'ils raisonnent,
Nous, esprits vulgaires , *Croyons.*

Croyons aujourd'hui, par exemple, que c'est Dieu qui fait tomber de leurs chars les princes les plus innocents ; et cela pour se faire craindre des autres princes : car il nous l'a dit et redit mille fois dans ses deux *Testaments* : — *Et eritis mihi in populum : et ego ero vobis in Deum. Ecce, turbo Domini furor egrediens, procella ruens : in capite impiorum conquiescet.* Non avertet iram indignationis Dominus : donec faciat et compleat cogitationem cordis sui in novissimo dierum intilligetis ea.   (JEREM., 30.)

Contigit (Antiochus) *euntem de curru cadere*, et gravi corporis collisione membra vexari....   MACHAB., 9.

Et dans le chapitre *Treize* des Paralipomènes :

Oza et frater ejus minabunt Plaustrum.... Iratus et Dominus contrà Ozam , et percussit eum , *et mortuus est ibi* CORAM DOMINO... (*). *Contristatus est David,....* ET TIMUIT DEUM.

En tous cas, *Craignons Dieu*, Nous , *et n'ayons point d'autre crainte.*

(*) C'est là le second *Baptême*, ou le *Baptême de sang*, des bons et des mauvais Princes, et il ne faut pas dire comme le *Constitutionnel* du 10 *Août* :

« C'est à la source de 1830 qu'il faut remonter pour donner à la dynastie le *second baptême* de la Régence. »

AVERTISSEMENT.

Ce livre a été commencé, Dieu le sait, le **14** juillet, et fini dès le **18**.... Dix personnes, et notamment l'Éditeur, l'ont vu ce jour-là ; et ce n'est que par respect pour la cendre du Prince royal que nous avons attendu, pour le publier, le retour de ses funérailles.

Nous avons voulu laisser parler le fait tout seul avant de l'aider à parler.

Aujourd'hui, la vérité, qui est de Dieu et de tous, ne s'appartient plus, et nous appartient encore moins à nous-mêmes.

Et la vérité de Dieu, qui a pour objet de rendre Dieu plus sensible, n'a jamais fait de mal, même à ceux qui douteraient de Dieu.

Ce n'est pas elle qui arme seulement le *cœur* contre les rois d'une date quelconque.. ...

Si quelques *imprudents amis* de la Dynastie, si un *procureur* flatteur *du Roi*, avaient seulement l'idée de l'apparence d'un outrage à celui-ci dans notre pensée générale de Providence, cette pensée acquerrait jusqu'à la puissance de la démonstration, de la bienfaisance et de la gloire publiques, à laquelle nous n'osons point prétendre.

Et nous lui fournirions à lui-même l'occasion d'apprendre au peuple de Paris, et au peuple français que, comme il y a des *élus* et des représentants des plus pauvres majorités, et même des majorités les plus pauvres, il y a, *de par Dieu*, des *Élus* et des *Députés* dont la voix est bien

autrement sonnante, par là même qu'elle n'est ni double,
ni multiple, celle-là.

C'est Dieu, Dieu devant Paris surtout, et le Roi *par sur-
croît,* que nous voulons faire sentir, faire voir : *et Dieu* et
le Roi, apparemment, ne sont point séditieux, et n'ont
point à redouter les lois ou les juges de septembre.

Je suis si sûr ici de ma pensée unique à Dieu, et même
au Roi actuel des Français, que si jamais il pouvait arriver
qu'elle fût seulement poursuivie un moment par un juge
ordinaire, je le citerais personnellement comme jadis *Molé*
(et non *Molay*) l'ancien fit à un ancien Philippe, *à l'an et
jour, au Tribunal* suprême !

Le *déicide* et les *régicides* eux-mêmes, et surtout, ne
sont abandonnés aux *bras* (à la volonté jamais), par Dieu lui-
même, que comme le dernier et le plus sûr moyen de faire
voir *Dieu* et le *Roi,* quelle que soit la personne (assez in-
différente) du Roi.

Ainsi donc, c'était (il faut le dire avec une humilité égale
à l'orgueil), c'était pour donner lieu à la *Théologie des
chemins de fer* et à *Dieu devant Paris* que la Providence
suscitait le *Feu* du 8 Mai et le *Pavé* du 13 Juillet.

Sainte Thérèse et avec elle Leïbnitz, dans sa *Théodicée,*
vont jusqu'à dire que la *création* et par conséquent la destruction même du monde, eussent eu lieu, au besoin,
pour *une seule* Ame !

Et Dieu peut accorder l'édification de mille *âmes* à *Dieu
devant Paris.*

Quand il n'eût accordé que l'édification de la nôtre !

On ne nous l'ôtera point, on ne nous la niera point,
celle-là.

Les victimes les plus nombreuses et les plus sacrées s'évanouissent devant les peuples et les rois qui en sont témoins, et qui leur survivent, pour en être les victimes ou les héros plus grands à leur tour.

Cependant le Dieu qui est encore plus *bon* qu'il n'est juste a bien vite pris soin des premières.

Et le Prince royal, en particulier, est à nos yeux, et même aux yeux du Roi, cent fois plus heureux qu'il ne l'est lui-même !

« *Le Coup qui vient de Me frapper,* » a-t-il dit aux Chambres.

Nous le déclarons, ici surtout, parce que c'est le fond de notre âme politique, nous ne voudrions de celui que nous avons appelé le premier *Henri-Quatre II,* que dans le cas où tout le monde, et surtout Louis-Philippe, le voudraient.

Nous n'avons jamais connu, jamais conçu de haine privée, nous concevons encore moins de haine politique.

Et nous nous sommes surpris à pleurer personnellement le duc d'Orléans, comme nous eussions fait le duc de Bordeaux, en lisant, dans le *Constitutionnel,* les circonstances de sa mort !—Comme nous déplorons rationnellement plus que qui que ce soit sa perte, qui est à nos yeux le *signe* de calamités publiques plus grandes et plus réelles que toutes les autres.

Nous avons été le premier et même le seul peut-être, à traiter Louis-Philippe, et jusqu'à son fils *en Roi,* et même en *Roi plus grand que tous les rois* dans un rapport qu'ils n'ont pas oublié.

Et l'année dernière, à pareille époque, nous avons *Dédié* à

celui-ci les *Magnificences de la Croix* avec des pressentiments et des raisons de prévoyance qui nous font tressaillir,
nous-même aujourd'hui.

A MONSEIGNEUR LE DUC D'ORLÉANS.

.... *Etiam Dyscolis....* (St. Pierre , *Épît.* 2ᵉ).

*Vous avez été appelé, Monseigneur, par une révolution,
adversaire naturelle de la Croix, à devenir, par le fait,
Bourbon ou non, le Roi d'une Société dont le Principe fut
la Croix, et qui ne manquera jamais à son Principe; d'un
Pays dont les plus grands rois,* Très-Chrétiens par excellence, *ne furent jamais que les premiers défenseurs de la
Croix,* qui, seule, les défend si bien à son tour.

Vous avez plus besoin que tout autre *de cette raison* ex-
clusive de Salut privé (*) *et politique. Et vous savez que*

(*) « Une *Croix* doit s'élever, en commémoration du 13 juillet,
sur la place même d'où va disparaître l'humble toit qui abrita le dernier soupir du fils aîné de Louis-Philippe.» (*Presse.*) «Nous compre-
nons cette pensée toute chrétienne , dit l'*Union catholique.* C'est
ainsi que depuis des siècles, dans le plus modeste village, une
croix de pierre signale les lieux témoins d'une mort violente,
soit qu'il faille expier un crime, soit seulement que la piété ait
un malheur à déplorer. Entre tous ces monuments sacrés, les
plus sacrés sont les monuments expiatoires. Tel était le caractère
de la chapelle qui s'élevait aux lieux où fut consommé l'attentat
du 13 février. On n'a point oublié que *peu d'instants avant de
tomber sous le poignard de Louvel, le duc de Berry couvrait
de ses caresses le jeune prince qu'attendait une fin, moins
déplorable sans doute, mais bien fatale encore.* Pourquoi faut-

Dieu ne vous a laissé que le choix de périr sans Elle, *ou de vivre avec Elle* (*): *en la relevant*, reconnaissant *à Sainte-Geneviève*, *le plus* grand homme *assurément de la* Patrie; *puis, au Calvaire, en Fort invincible; et enfin, en vrai Para-tonnerre, en place du faux, au Val-de-Grâce : comme vous l'avez relevée si facilement à l'endroit où les Bourbons al-laient invoquer saint Germain-l'Auxerrois...., qui la planta sur tant de lieux en France.*

Bonaparte l'a bien fait, mille fois moins hardi que vous!

. . . .

Vous étiez le patron naturel d'un Livre où la Croix est enfin rendue plus sensible, et que je vous devais, moi, qui ne demandai jamais que la liberté, mais qui demande inces-samment la liberté..... de la Vertu et du Devoir, dont vous m'avez déjà su « un gré tout particulier » dans une grande circonstance récente.... et à qui Dieu (il ne me faudrait

---

il que les mains des mêmes serviteurs aient r enversé naguère le monument de Charles-Ferdinand , et s'apprêtent aujourd'hui à élever le monument de Ferdinand-Philippe ? »

(*) Notre beau pays de France, qui nous donne les plus petits enseignements, n'avait garde d'oublier le grand ; et vous avez vu, sans doute avec plus d'effroi que de consolation , dans le magni-fique Mont-d'Or, les *Pyrénées de l'Auvergne*, le *Pic de la Croix*, en regard de la *Gorge des Enfers :* — comme Ramond admi-rait, aux véritables *Pyrénées*, le plus sublime rocher de Gar-vanie (*), le *Raillé*, la *Pierre de Notre-Dame* (surmontée de sa chapelle inaccesible à la piété commune) en regard du *Grand Chaos!!!*... (Notes de la *Dédicace*.)

(*) Par un hasard dont nous sommes presque heureux aujourd'hui, nous avons couché et dormi sur ce rocher, dans la chambre et le lit où avait couché et dormi, sans doute avec plus de douceur qu'aux Tuileries, l'in-fortuné prince royal. Seulement, il en avait fait retrancher *la plume* et jusqu'à *la laine*, selon la coutume des enfants d'Orléans de coucher *sur la dure* ; noble apprentissage de leur terrible royauté!

rien moins) n'a pas dit qu'il ne vous ferait jamais un jour lui-même ce que quelques Français ingrats pensaient vous faire : Roi, et même mieux que Roi....!

La Croix, vous le verrez, Monseigneur, sans étonnement (Bourbon que vous êtes et que vous serez de plus en plus), la Croix, c'est à la fois le résumé du Christianisme et le Christianisme tout entier; et, comme c'est Elle seule qui enseigne et qui commande tous les petits devoirs de la vie civile, c'est Elle aussi, et surtout, qui commande le plus Grand de la Vie Politique, et qui, de tel ou tel Prince, et de vous mieux qu'un autre, peut faire, en TEMPS ET LIEU, en UNE MINUTE, et à jamais (*), un Roi plus grand que tous les Rois, et un Roi légitime en attendant (Je pense, et j'ai dit toujours, que je n'étais pas juge de l'autre, moi).

(*) C'est en ce sens, apparemment, qu'il faut entendre la prophétie peu connue, mais authentique (favorable à la Branche d'Orléans), d'un vertueux et célèbre Religieux de France (le P. N***) réfugié en Espagne, après la mort, sur le même échafaud, de deux princes qui avaient vécu si contrairement : Louis XVI de Bourbon, que Pie VI a appelé *Martyr;* et Philippe d'Orléans, qui se nomma *Egalité ! ! !*

Et voilà pourquoi la Providence, comme le *Père, frappe* si longtemps, et si juste, *à vos côtés,* et surtout *à côté* de votre royal Cousin; et si persévéramment, et si juste aussi, au cœur même des plus fameux républicains, vos mortels.... et vos immortels ennemis.

Et pourquoi aussi, Monseigneur, nul en Europe n'a plus d'intérêt que vous au salut, à la santé, à la Vie de celui *qui* vous *est né* encore mieux qu'à *nous* tous, et qui est mieux qu'*une chance,* comme dit M. Barrot à Charles X, en 1830, car il est déjà en 1840 une *Providence* réservée *pour tout le monde.* (Note de la *Dédicace.*)

DIEU, ET DIEU SEUL, S'EST RÉSERVÉ VOTRE JUGEMENT, RÉGICIDE OU CONSÉCRATEUR !

Je dirais volontiers, et je ne puis pas dire, comme François de Sales au Duc de Savoie, lorsqu'il lui dédia *son* Étendard de la Croix : « C'est le premier ouvrage que j'étale, il est dû au Seigneur du lieu. »

Et c'est à ce titre que je suis, Monseigneur, le plus humble, et peut-être le plus indépendant et le seul Vrai de tous vos Serviteurs, et je le dirai, moi seul, sujet :

A. MADROLLE.

Paris, le 14 *septembre*, jour de l'Exaltation de la Sainte-Croix, » et mois de la naissance du prince.

Nous avons fait, en 1841, une application encore plus prophétique, que nous verrons ailleurs, de l'*Exaudiat* si royal...

Un mois juste avant la mort lamentable, nous en avons porté le pressentiment jusqu'à l'histoire, dans dix endroits de la *Théologie des Chemins*.

Et d'abord dans cette page de *l'Ecclésiastique :*

.....« 32. Comme toutes ces choses sont un bien pour les Saints, *aussi se changent-elles en maux* pour les méchants et pour les pécheurs.

33. Il y a *des esprits* qui ont été créés pour la vengeance, et ils augmentent les supplices des méchants.

34. Ils se répandront dans toute leur violence au temps que la mesure de la justice de Dieu sera remplie, et ils satisferont la fureur de celui qui les a créés.

35. Le feu, la grêle, la famine et LA MORT, toutes ces choses ont été créées pour exercer la vengeance;

36. Ainsi que les dents des bêtes, les scorpions et les serpents, et l'*épée* destinée à exterminer les impies.

37. Toutes ces choses exécutent les ordres du Seigneur

avec joie. *Elles se tiendront prêtes sur la terre pour servir au besoin, et quand leur temps sera venu,* elles obéiront exactement à sa parole.

38. C'est pourquoi je me suis affermi dès le commencement *dans ces pensées :* je les ai considérées et méditées en moi-même, et je les ai laissées par écrit.

39. Tous les ouvrages du Seigneur sont bons, et il met *chaque chose en usage quand l'heure est venue.*

40. On ne peut point dire : Ceci est plus mal que cela ; car *toutes choses seront trouvées bonnes en leur temps.*

41. C'est pourquoi dès maintenant louez tous ensemble de tout votre cœur, et bénissez par les paroles de votre bouche le Nom du Seigneur.

CHAPITRE SUIVANT.

1. Une inquiète occupation a été destinée d'abord à tous les hommes, et un joug pesant accable les enfants d'Adam, depuis le jour qu'ils sortent du ventre de leur mère jusqu'au jour de leur sépulture, où ils rentrent dans la mère commune de tous.

2. Les imaginations de leur esprit, les appréhensions de leur cœur, les réflexions qui les tiennent en suspens, et le jour qui doit tout finir.

3. *Depuis celui qui est assis sur un trône* jusqu'à celui qui est couché sur la terre et dans la cendre ;

4. Depuis celui qui est vêtu de pourpre et qui porte la couronne, jusqu'à celui qui n'est couvert que de toile, la fureur, la jalousie, l'inquiétude, l'agitation, la crainte de la mort, la colère toujours vive, et les querelles,

5. Troublent leurs pensées dans le lit même, et pendant le sommeil de la nuit, qui est le temps qui leur a été donné pour prendre quelque repos. »

Dans un autre lieu, en appliquant les beautés de l'Office du soir à l'horreur de la catastrophe du 8 Mai, pendant cet office : « Mais voyez, admirez, dans le premier de ces chants, le *Conquassabit capita in terrá multorum* : le Seigneur brisera sur la terre la tête de plusieurs. »

Nous disions au Prince Royal, apparemment, comme à tous, ces paroles des *Complies* : « Contemplez la catastrophe (du 8 Mai).— Le fléau ne vous touchera pas : car le Très-Haut a commandé à ses anges de VOUS GARDER EN TOUS VOS CHEMINS : *ut custodiant te in omnibus viis tuis*. Ils vous porteront sur leurs mains : de peur que vous ne heurtiez *le pied* contre *la pierre : in manibus portabunt te*, etc. »

Nous lui disions : « On ne trouve avant le Christianisme rien de pareil à cette prière de l'Église romaine : *A subitaneá et improvisá morte , libera nos, Domine.* »

Et dans le résumé du livre: «Nous avons dit: *Trois* grands *châtiments* simultanés; c'était trois grands AVERTISSEMENTS qu'il fallait dire; et, pour ma part, je ne crains pas d'annoncer que l'Europe, et surtout la France, sont désormais appelés à DES LEÇONS PLUS TERRIBLES encore, et qu'elles sont entrées, pour n'en plus sortir, *dans la carrière afflictive* et, nous pouvons le dire, SUR LE RAIL DES ABIMES.

« Je ne voudrais que l'aspect, les faits et gestes, les paroles du lendemain à la Chambre des Députés que nous avons choisis à notre image, pour être sûr que la catastrophe de la veille elle-même n'est qu'un *Avertissement :*

« La Chambre s'ouvre par ces mots du général Paixhans : « J'ai l'honneur de déposer sur le bureau le rapport sur le projet de loi relatif à la célébration du douzième anniversaire des journées de juillet. » Et ces mots du rapport : «..... Un grand peuple a droit de s'enorgueillir..... »

N'était-ce pas dire qu'il ne *s'enorgueillirait* plus ?
Enfin, nous disions (*) :

(*) Nous citions jusqu'à ces vers grotesques de Nostradamus, que les rois de France, et Bonaparte lui-même, ne dédaignaient point ; où se trouvent peintes, *et mêlées* de la façon la plus pittoresque, les deux catastrophes inouïes des deux plus grands mois de l'année : *Mai* et *Juillet* ;

Serpents transmis dans la CAGE DE FER,
Où les *enfants* sept ains du *Roi* sont *prix*
Les *vieux et pères sortiront bas d'enfer,*
Ains mourir voir de *son fruict mort*, et cris.
Un peu devant que le soleil s'esconse
Conflit donne, grand peuple dubieux
Profigez, port marin ne fait réponse
PONT ET SÉPULCRES *EN DEUX* ÉTRANGES LIEUX.
Le feu estaint, assemblée diabolique
CHERCHANT LES OS d'amant et de pselin,
Enfant sans main, JAMAIS VU SI GRAND FOUDRE
L'ENFANT ROYAL AU JEU D'ESIEU BLESSÉ,
Au *puy briser, fulgures allant moudre,*
Trois sur les chaînes par le milieu troussé.
Feu couleur d'or du ciel en terre veu,
Frappé du haut n'ay *fuit cas merveilleux* :
Grand meurtre humain, prinse du grand neveu,
Morts de spectacles, échappé l'orgueilleux.

Et nous ajoutions : « Quel roi oserait désormais permettre une fête à Versailles le 8 mai ? »

Celui qui a *les hazards surmonté,*
Qui Fer et Feu, *eau, n'a jamais redouté,*
Et du pays bien proche du basacle,
D'un *Coup de Fer* tout le *monde estonné*
Par crocodille étrangement donné.
Peuple ravi de voir *tel spectacle.* »

« Comprenez donc, Rois et Peuples, ces magnifiques Paroles de David, ce suberbe *Quare fremuerunt Gentes,* par lesquelles nous finirons, et qui sont encore une prophétie littérale de nos derniers malheurs :

1. *Quare fremuerunt Gentes,* et populi meditati sunt inania?

2. Astiterunt reges terræ, et principes convenerunt in unum adversus Dominum et adversus CHRISTUM ejus.

3. *Dirumpamus vincula eorum* et projiciamus à nobis jugum ipsorum.

4. Qui habitat in cœlis *irridebit eos :* et Dominus subsannabit eos.

5. Tunc *loquetur ad eos in irâ suâ :* et in furore suo CONTURBABIT eos....

9. *Reges eos in virga ferrea :* et TAMQUAM VAS FIGULI CONFRINGES EOS.

10. ET NUNC, REGES, INTELLIGITE : erudimini qui judicatis terram.

11. Servite Domino *in timore :* et exultate ei *cum tremore.*

12. Apprehendite disciplinam, nequandò irascatur Dominus : ET PEREATIS DE VIA JUSTA.

13. Cum *exarserit* in brevi ira ejus, beati omnes qui confidunt in eo.

.... Nous faisions même une allusion singulière à l'éclipse des fêtes de juillet, cette année :

« Par une coïncidence unique, l'Académie des sciences de Paris vient de prédire (car elle aussi *prédit*), I. Que c'est dans deux mois, et le 8 *juillet,* que se révélera une *Eclipse totale du Soleil* de juillet ; II. Et que ce rare phénomène n'aura plus lieu qu'une seconde et dernière fois en 1900. »

C'est TOUT A COUP, en effet, que la *colère* de Dieu S'ALLUME; et heureux alors ceux qui lui furent fidèles! »

Nous avons été inspiré jusqu'à appeler, sans raison, sans occasion même apparente, ces paroles de *l'Ecclésiastique,* où la Mort elle-même parle au survivant et *saisit le vif:*

« 16. Mon fils, répandez vos larmes sur un mort, et pleurez comme un homme qui a reçu une grande plaie. Ensevelissez son corps selon la coutume, et *ne négligez pas sa sépulture.*

« 17. *Faites un grand deuil* (pendant un jour) dans l'amertume de votre âme, pour ne pas donner sujet de mal parler de vous; mais ne soyez pas inconsolable dans votre tristesse.

« 10. Faites ce deuil selon le mérite de la personne, un jour ou deux......

« 23. *Souvenez-vous du jugement de Dieu sur moi: car le vôtre viendra de même. Hier à moi, aujourd'hui à vous.*

« 24. *Que la paix où le mort est entré* apaise dans vous le regret que vous avez de sa mort : et consolez-vous de ce que son esprit s'est séparé de son corps. »

PRÉCÉDENT.

Ce n'est point, après tout, une politique ou une philosophie nouvelle et hétérodoxe que nous allons faire sentir; nous allons développer seulement celle que *les Débats* eux-mêmes exprimaient ainsi le 14 juillet :

« Nous avons peine à revenir de la *consternation* où nous a jetés *l'horrible coup* qui vient de frapper la famille royale.

« *Que de malheurs en un seul malheur! quelle affreuse fatalité!* Dieu veuille, hélas! que nous n'ayons pas à pleurer sur nous-mêmes!

« Le coup qui nous enlève l'aîné des fils du roi, l'héritier de la couronne, n'était que dans les tristes chances de la fragilité humaine! Nous n'y pensions pas; nous nous reposions sur la jeunesse et sur la santé du duc d'Orléans avec cette sécurité naturelle aux hommes! Une longue vie n'est promise à personne.

« Le duc d'Orléans est mort *par le plus fatal* et le plus imprévu des accidents; la guerre, les maladies, le crime pouvaient à chaque instant nous l'enlever. Le roi nous demeure, et Dieu dans sa bonté nous le conservera longtemps encore! Que de fois, en voyant le roi accompagné, pressé, garanti par la noble escorte des princes ses enfants, nous sommes-nous rassurés sur l'avenir de la monarchie! Nous *disions :* Quelle que soit la fureur du crime, à quelques chances que soit exposée l'existence humaine, tant de vies précieuses ne seront pas moissonnées en même temps! *La royauté ne périra pas!*

« Ah! si le gouvernement que nous avons fondé n'eût reposé que sur *une tête*, il eût été trop fragile! nous aurions été trop imprévoyants!

« Autrefois, quand un assassin tirait sur le roi, la *Providence était là* qui couvrait cette tête auguste.

« Aujourd'hui l'héritier de la couronne a été frappé sans retour, tout d'un coup, dans la fleur de sa jeunesse et de sa fortune, *sur les marches* d'un trône, dans une des plus hautes positions politiques de l'Europe, à l'âge où le cœur conseille les grandes choses et où *la tête* les exécute. Il a été frappé loin de sa femme, qui, au moment où nous écrivons, ignore encore toute l'étendue de son infortune; loin de ses enfants, qu'il aimait d'une affection si éclairée et si tendre; loin de tous les amis de sa jeunesse; loin *de tous* les compagnons de sa vie militaire, que le mouvement électoral du 9 juillet avait dispersés dans toute la France.

« Il avait une noble et *périlleuse carrière* à fournir sur un sol remué par quarante ans de révolutions, des services à rendre, du bien à faire ; prince royal, il assistait le roi de juillet dans les fatigues et les épreuves de la royauté ; roi, il aurait eu à poursuivre l'œuvre si glorieusement commencée par son père.

« Et puis, *tout à coup*, par un de ces *brusques retours de la fortune* qui sont au-dessus de la prévoyance humaine et qui dépassent les appréhensions les plus formidables, le prince, objet de tant d'espérances, a été arrêté violemment *sur le seuil* de cette belle destinée ! Il est tombé sous le coup d'une *fatalité aussi irrésistible qu'inexplicable*..... Le roi accourait pour chercher son fils, l'aîné de sa tendresse et de son orgueil paternel, il n'a ramené qu'une froide dépouille ! »

Et le *Constitutionnel* du **14** :

« A deux heures, le mal empirant, le roi a donné l'ordre de faire prévenir Madame la duchesse de Nemours, qui était restée à Neuilly d'après le désir de Sa Majesté. La princesse est arrivée quelques instants après, accompagnée de ses dames.

« Aucune plume ne peut rendre l'aspect déchirant que présentait la chambre où le prince royal avait été déposé, au moment où la duchesse de Nemours était venue confondre ses larmes avec celles de sa famille. La reine et les princesses étaient agenouillées auprès du lit du prince mourant, versant sur cette tête si chère des flots de larmes et de prières. Les princes sanglotaient. Le roi, debout, immobile, les yeux fixés sur le visage décoloré de son fils, suivait les progrès du mal dans un silence douloureux. Au dehors, la foule augmentait à chaque minute, éperdue et consternée. M. le curé de Neuilly et son clergé, prévenus par ordre du roi, s'étaient immédiatement rendus à Sablonville.

« Cependant, sous l'influence d'une médication énergique, l'agonie du prince se prolongeait. La vie se retirait, mais lentement, et non sans lutter contre la destruction qui allait emporter tant de jeunesse. Un moment la respiration parut plus libre ; le pouls devint sensible ; et comme les cœurs désolés se rattachent aux moindres espérances, on se reprit à espérer. Un instant de calme interrompit cette longue scène d'affliction. Mais cette lueur d'espoir disparut bientôt. A quatre heures, le prince royal était en proie à tous les symptômes les moins équivoques d'une fin prochaine. A quatre heures et demie, il rendait son âme à Dieu, béni par la religion, qui avait assisté ses derniers moments, entre les bras du roi son père, qui avait incliné ses lèvres sur ce front mourant, sous les larmes de sa mère infortunée, au milieu des sanglots et des cris de douleur de toute sa famille.

« Le prince mort, le roi avait entraîné la reine dans une pièce contiguë à la chambre mortuaire, et où les ministres, les maréchaux et tous les assistants étaient rassemblés. On se précipite aux pieds de la reine. « Quel malheur pour notre « famille ! s'écrie Sa Majesté ; *mais quel affreux malheur* « *aussi pour la France !* »

« Et en prononçant ces mots, la reine sanglotait. Autour d'elle, tout était en larmes, gémissements, désolation. Le roi s'est approché du maréchal Gérard, qui fondait en larmes, et lui a serré la main avec une indicible expression de douleur paternelle, de résignation magnanime et de fermeté toute royale.

« Cependant la dépouille mortelle du prince royal avait

été placée sur une litière, recouverte d'un drap blanc. La reine avait refusé de monter dans sa voiture, et elle avait déclaré qu'elle accompagnerait le corps de son fils jusqu'à la chapelle du palais de Neuilly, où elle avait voulu qu'il fût exposé. En conséquence, on avait fait venir en toute hâte une compagnie d'élite du 17ᵉ régiment d'infanterie légère pour former la haie sur le passage du cortége funèbre, et c'est ainsi que tous ces braves, qui avaient accompagné le prince royal dans le défilé des *Portes-de-Fer* et sur les hauteurs de Mouzaïa, servaient d'escorte à son convoi. Plusieurs soldats pleuraient. Tous se rappelaient avec quelle valeur brillante le duc d'Orléans abordait l'ennemi, par quelle bienfaisance délicate et généreuse il savait tempérer la rigueur nécessaire du commandement.

« A cinq heures, le lugubre cortége s'est mis en route. Le lieutenant-général Athalin marchait en avant de la litière qui était portée par quatre sous-officiers. Derrière le corps suivaient à pied : le roi, la reine, madame la princesse Adélaïde, madame la duchesse de Nemours, madame la princesse Clémentine, M. le duc d'Aumale, M. le duc de Montpensier. Venaient ensuite M. le maréchal Soult, les ministres, le maréchal Gérard, les officiers généraux, les officiers du roi et des princes et toute la foule des assistants.

« Le convoi parcourut ainsi l'avenue de Sablonville, franchit la vieille route de Neuilly et entra dans le parc royal, qu'il traversa dans toute sa longueur. Le roi n'avait voulu céder à personne le droit de conduire ce premier deuil de son fils aîné. Il est ainsi arrivé, accompagné de la reine, jusqu'à la chapelle du château, où LL. MM. et LL. AA. RR., après s'être agenouillées devant l'autel, ont laissé le corps de leur enfant bien aimé sous la garde de Dieu !

« Telle a été la journée du 13 juillet ; elle *comptera parmi les plus calamiteuses qui aient signalé ce règne déjà long,* et où tant de cruelles épreuves se sont mêlées à tant de bienfaits.

« La mort de M. le duc d'Orléans remplira *d'une amertume sans remède* les dernières années, et puissent-elles être nombreuses ! de ce roi au noble cœur, qui a vu passer sur sa tête tant de périls de toutes sortes, et qui n'a jamais été sensible qu'à ceux de ses enfants. « *Encore, si c'était moi !* disait le roi en tenant dans ses bras le corps défaillant de son fils..... »

« La journée du 13 juillet ne laissera pas des traces moins profondes dans l'âme de cette reine admirable, dont le premier cri, dans une si grande détresse de son cœur maternel, a été pour son pays ! « *Quel affreux malheur pour la France !* »

Et *le Siècle* :

« Nous l'avons déjà dit, à côté de *l'affliction présente il y a les dangers de l'avenir.* Combien de difficultés, combien d'embarras, combien de résistances peut-être avant d'arriver au terme d'une minorité dans un temps de révolutions !

« Mais ce serait un crime envers le roi, envers sa famille, envers la nation tout entière, *après les avertissements venus d'en Haut,* que de persister dans un système qui montrerait tous les moyens de force concentrés dans une seule main, toutes les chances de salut, de stabilité, de grandeur, réunies sur une seule tête, de manière que le roi venant à disparaître, il ne restât *plus rien* debout après lui. »

Que *le Siècle* se console, la société ne connaît point de lacune, point de néant, nul *rien*, car *Dieu* et la Providence

ne sont jamais plus présents que lorsque les hommes et surtout les rois disparaissent.

Et *la Presse* sur le malheur *qui vient*, selon elle, *de
frapper le père dans sa famille :*

« La France peut laisser tomber ses pleurs sans courber
le front ; le malheur dont l'épreuve, le *châtiment*, peut-être,
lui est infligé, est exempt de crime heureusement ! Quel
temps que celui où une telle pensée peut déjà s'appeler une
consolation ! »

L'organe religieux de la dynastie n'avait garde de n'entrer
pas dans la grande pensée en question.

L'Univers a dit, le jour même, le prince royal laissé sans
vie *à la porte du palais de ses parents :*

« Malheureuse France, dont les destinées reposent en ce
moment sur la tête d'un vieillard et sur celle d'un enfant !

« Ce soir, une profonde stupeur règne dans Paris. Chacun comprend que la PROVIDENCE vient de frapper UN GRAND
COUP !

« *Quel temps* où c'est une sorte de repos pour l'âme de
penser que la mort de M. le duc d'Orléans n'est pas l'effet
d'un crime ! Quel temps ! Et faut-il s'étonner qu'en un temps
aussi incertain de son avenir, aussi gros d'orages, la mort
imprévue du fils aîné du roi des Français, de son héritier
direct, apporte une *si grande anxiété* dans tous les esprits !
Donc, répéterons-nous, *tournons nos regards vers le ciel ;* là,
mais là seulement est l'espérance, là est le salut. »

Les journaux des départements voient Dieu le **13** juillet
à Paris encore mieux que ceux de Paris.

On lit dans le *Courrier de la Gironde :*

« Un de ces coups inattendus qui déconcertent toutes les prévisions humaines et qui amènent forcément sur les lèvres le terrible *Dieu seul est grand* de l'orateur catholique, est venu frapper la famille royale.

« L'héritier présomptif de la couronne, le prince qu'avaient respecté les balles en Afrique et sur le boulevart du Temple, le duc d'Orléans est mort d'une chute de voiture, **le 13** juillet à quatre heures et demie.

« Nous n'avons pas aujourd'hui le calme d'esprit nécessaire pour examiner froidement les conséquences politiques de cette calamité publique. Elles se présentent en foule à notre pensée ; mais il est plus facile de les sentir que de les exprimer, et plus prudent peut-être de les taire que d'accroître encore le découragement des uns et peut-être l'audace des autres.

« Aujourd'hui ne songeons qu'à *cette famille infortunée sur laquelle la mort est suspendue depuis douze ans*. A chaque instant le fil qui retient l'épée des meurtriers se rompt, — la France jette un cri d'effroi, — le roi est mort ? — Non, — le glaive est tombé à une ligne de sa tête, — le roi et ses fils sont sauvés ! — Mais aux douleurs de l'angoisse, l'impénétrable Providence veut ajouter la douleur écrasante du malheur accompli : la princesse Marie meurt. Le duc d'Orléans meurt aussi.

« La famille d'Orléans semble s'être assise sur le trône pour vérifier cette grande et biblique parole : « L'on a vu des reines pleurer comme de simples femmes, et l'on s'est étonné de la quantité de larmes que contiennent les yeux des rois. »

Au point de vue de l'Étranger, l'appréciation est, seulement plus hardie, la même.

On lit dans le *Times :*

« Dans la terrible et fatale série de calamités qui ont frappé la maison royale de France, aucune n'a éprouvé plus à l'improviste cette famille dévouée, aucune n'a répandu plus de deuil sur les destinées futures du pays que l'accident qui a coûté la vie à Ferdinand d'Orléans, héritier présomptif de la couronne. *Quoi de plus irrégulier, de plus mystérieux, de plus sévère que les décrets de la Providence abaissant au niveau des destinées communes des jours si souvent et si merveilleusement mis à l'abri des coups des conspirateurs et des menaces de l'anarchie!* Le poignard de Louvel fut fatal à la branche aînée des Bourbons, malgré le jeune rejeton qui avait surgi du tombeau du duc de Berri, et il est impossible de voir sans la plus profonde anxiété le retour d'*un état de choses si gros de périls pour la monarchie* française et les institutions nationales.

« Un roi âgé et un héritier enfant semblent appartenir aux temps les plus difficiles de l'histoire de France : temps infiniment moins critiques que l'épreuve réservée au pays : car au milieu des troubles et des excès des précédentes régences, *du moins la personne du souverain était sacrée,* et les principes traditionnels de l'autorité royale n'avaient jamais été violés. La profonde et grande sympathie que doit provoquer cet événement prouvera combien l'Europe compte sur le maintien de la famille régnante; et il n'en sera que plus fortement démontré *que les périls trop souvent écrits en caractères effrayants dans les annales de la maison de Bourbon ont rendu les jours des survivants de cette race plus essentiels que jamais à la paix du monde et à la prospérité de la France.*

« Quel que soit le tour imprimé à nos pensées, de nouvelles coïncidences viennent s'offrir à notre esprit, et de nouvelles manifestations d'une puissance extraordinaire et incompréhensible se trahissent dans toutes les vicissitudes de la destinée de *ces augustes et malheureuses familles*. Des *trois jeunes princes*, presque du même âge, héritiers présomptifs du trône de France, par droit de naissance ou par l'effet des circonstances qui suivent le cours ordinaire de la nature, qui semblaient destinés à traverser au moins la plus grande partie de ce siècle et à jouer un rôle aussi brillant que peu ordinaire dans les événements, le seul survivant est l'héritier exilé de la branche aînée. Le duc de Reichstadt meurt à Vienne, dépouillé des ornements royaux que la fortune avaient jetés sur son berceau. Le duc de Bordeaux mène l'existence précaire et sans objet d'un prétendant. *Le duc d'Orléans succombe subitement dans les rues de Paris, au moment où sa vie n'avait jamais eu plus d'importance pour sa famille et pour son pays.* »

Et dans la *Gazette de la Haute-Allemagne* :

« Nous apprenons à l'instant même le malheureux événement qui vient de mettre un terme aux jours de monseigneur le duc d'Orléans. Cet événement est un coup affreux pour le roi des Français déjà éprouvé par tant de vicissitudes ; et *l'avenir de la France ainsi que la politique européenne* doivent nécessairement s'en ressentir. Le successeur du roi Louis-Philippe aura un jour un problème difficile à résoudre, et nous sommes convaincus que le projet de fortifier Paris est dû plutôt dans l'esprit du roi à des inquiétudes sur l'avenir de sa dynastie qu'à des doutes sur les effets de sa politique personnelle. Le roi n'en avait pas besoin pour lui ; il a voulu laisser ce *boulevart à ses successeurs*. La mort du duc d'Orléans *brise toutes les combinaisons*, et il faut recommencer l'œuvre qui a coûté tant de soins. Un roi mineur pourra-t-il bien traverser les orages d'une régence? Et où trouvera-t-on les garanties de tranquillité qui résidaient dans les qualités personnelles du roi? »

Mais le roi, mais la reine, mais la veuve du prince, mais la famille royale sont encore ceux qui marquent ici la plus grande préoccupation de la Providence, laquelle semble à leur égard, si nous osons le dire, *n'avoir reculé que pour traverser mieux :*

« Cette récitation des psaumes, dit *l'Univers,* se fait avec une solennelle gravité, qui produit un grand effet sur tous ceux qui entrent dans la chapelle ou que leur service appelle dans les environs.

« Monseigneur l'archevêque de Paris y a dit la messe hier matin, à laquelle toute la famille royale , y compris le roi, a assisté ; elle avait déjà entendu une autre messe. Elle avait fait plus : la plupart de ses membres s'étaient approchés des sacrements.

« Il est rare qu'il n'y ait pas un membre de la famille dans la chapelle, en même temps que le clergé y récite l'office. L'avant-dernière nuit, la reine y est entrée vers onze heures ; elle y était encore à minuit, abîmée dans une fervente prière. »

« Marie-Amélie montre, en ces lamentables circonstances, une résignation digne de sa piété. On l'a entendue s'écrier, les yeux fixés au ciel : « *Mon Dieu! mon Dieu! ce n'est pas trop; mais c'est beaucoup; oui, c'est beaucoup!* » Elle a voulu garder les vêtements que portait son fils au moment de l'horrible catastrophe. »

Le jugement, la *condamnation* ont été aussi le premier cri de la veuve infortunée :

« Elle voulait, disent *les Débats*, arriver à temps pour revoir mort, disait-elle, celui que le CIEL L'AVAIT CON-DAMNÉE A NE PLUS RETROUVER VIVANT. »

Et le premier mot du Roi aux Évêques :

« Monseigneur l'évêque, la France vient d'être atteinte dans sa plus précieuse espérance ; moi et ma famille nous avons été frappés dans nos plus chères affections : l'aîné de mes fils, le duc d'Orléans, prince royal, est mort ! Les plus puissantes consolations, dans d'*aussi grands malheurs*, sont celles qu'offre la religion. »

Sa première parole aux Chambres est bien plus explicite encore :

« Dans la douleur qui m'accable..., privé de ce fils chéri que j'avais cru destiné à me remplacer sur le trône, et qui était la gloire et la consolation de mes vieux jours..., j'ai éprouvé le besoin de hâter le moment de votre réunion autour de moi. Nous avons ensemble un grand devoir à remplir. *Quand il plaira à Dieu* (*) *de m'appeler à lui*, il faut que la France, que la monarchie constitutionnelle ne soient pas un moment exposées à une interruption dans l'exercice de l'autorité royale. Vous aurez donc à délibérer sur les me-

---

(*) « Ce que nous louerons surtout dans les paroles du Roi (dit *la Presse*, qui s'honore elle-même en le disant), c'est leur caractère profondément religieux. Pour *la première fois peut-être*, dans les solennités de ce genre, *l'idée et le nom de Dieu sont publiquement invoqués*. C'est un bon exemple donné de haut. Accoutumez le peuple à porter ses pensées vers le ciel ; il puisera dans cette habitude une résignation que les passions politiques rendent tous les jours plus difficile ; et quand il verra ceux qui passent pour les grands et les heureux de la terre *se courber respectueusement sous les coups les plus terribles*, il apprendra à mieux supporter ses propres souffrances. »

sures nécessaires pour prévenir, pendant la minorité de mon bien-aimé petit-fils, cet immense danger. *Le coup qui vient de me frapper ne me rend pas ingrat envers la Providence,* qui me conserve encore des enfants si dignes de toute ma tendresse et de la confiance de la France.

« Messieurs, assurons aujourd'hui le repos et la sécurité de notre patrie. Plus tard, je vous appellerai à reprendre, sur les affaires de l'État, le cours accoutumé de vos travaux. »

L'archevêque de Paris a d'abord tout dit dans son premier mot :

« Sire,

« Le malheur qui vient de frapper Votre Majesté a bien vivement ému le clergé de Paris.

« Nous avons conjuré *le Maître Suprême de la vie et de la mort* d'égaler, s'il est possible, ses consolations à une aussi grande douleur. »

Et puis il a développé supérieurement, infailliblement, ce mot, car il est dans ces attributions :

« Son A. R. M. le duc d'Orléans n'est plus.

« Un roi que la Providence a *si souvent* et si miraculeusement protégé, et qui nous a préservés nous-mêmes de tant de dangers; une pieuse reine éprouvée par de si nombreuses et de si cruelles alarmes, sont frappés subitement et sans aucun signe précurseur de cet horrible *coup de foudre.* Les princes et les princesses pleurent sur un frère auquel ils étaient unis par une tendre amitié, sur une sœur chérie qui, comme épouse et comme mère, a si promptement mesuré toute l'étendue de son infortune, sur des enfants encore trop trop jeunes pour comprendre le malheur de n'avoir plus de père,

« Un instant a suffi à la mort pour rompre tous ces liens, *pour enlever à la France un gage puissant* de sa future sécurité, et à l'armée un chef qui avait conquis sa confiance par sa justice, son courage, la loyauté de son caractère. Quel tombeau que celui où vont se perdre de si hautes destinées, et duquel Dieu fait sortir, pour nous instruire, de *si grandes et de si salutaires leçons !*

« O mort, que tu es terrible, quand tu arraches comme l'herbe des champs ces grandes existences, sur lesquelles repose la paix des empires ! mais *que tu es sage,* quand tu nous fais apprécier à leur juste valeur le pouvoir, la gloire et la fortune !

« Tu ne les anéantis dans le rang suprême que pour nous avertir de ce que peuvent valoir, dans les rang inférieurs (et encore mieux dans les hauts rangs), ces objets de nos ardentes convoitises, cette éternelle cause de nos discordes : *O mors ! bonum est judicium tuum.*

« O mort ! *qu'il est bon ton jugement,* quand tu nous montres que la vie avec laquelle disparaissent tous ces biens fragiles peut être brisée par *l'accident le plus commun,* et ne laisser après elles que d'amères douleurs !

« Que n'avez-vous pu assister, nos très-chers frères, à cette scène de désolation où la vie du jeune prince s'échappait parmi les larmes, *les cris déchirants,* les tendres embrassements de sa royale famille ! Que n'avez-vous été les témoins des terribles émotions d'une épouse, d'une mère, qui, au lieu d'un époux qu'elle avait laissé plein de jeunesse et de vie, ne retrouve plus qu'un cercueil et des orphelins ! O mort, que ton jugement est terrible ! *O mors, quàm amara est memoria tua !* Et cependant, ô mon Dieu ! *vous voulez qu'il nous soit utile.* IL LE SERA, N. T. C. F., si nous méditons sur celui qu'elle vient de prononcer en tranchant le fil d'*une vie que le roi n'aurait pas hésité à racheter au prix de sa couronne.* Nous savons maintenant ce que vaut la fortune la plus brillante. Le tombeau qui vient de s'ouvrir nous rappelle celui où nous descendrons nous-mêmes. Au souvenir d'une catastrophe aussi imprévue, nous penserons que Dieu a *mesuré nos jours*, et qu'il lui a plu de nous en laisser ignorer le nombre. Sous l'impression de ces grandes pensées, nous serons moins absorbés par des soins tout matériels, moins séduits par les rêves de l'ambition et de la gloire, source trop certaine nos divisions. »

Mais c'est surtout Bossuet auquel il nous faut voir développer *la Providence à un Prince Royal.*

Jamais l'*Aigle de Meaux* ne plana plus haut dans les cieux :

« ... Mais souvenez-vous, Monseigneur, que ce long enchaînement des causes particulières qui font et défont les empires dépend des ordres secrets de la divine Providence.

« Dieu tient du plus haut des cieux *les rênes de tous les royaumes;* il a *tous* les cœurs en sa main : tantôt il retient les passions, tantôt il leur lâche la bride, et par-là il remue tout le genre humain. Veut-il faire des conquérants, il fait marcher l'épouvante devant eux, et il inspire à eux et à leurs soldats une hardiesse invincible. Veut-il faire des législateurs, il leur envoie son esprit de sagesse et de prévoyance; il leur fait prévenir les maux qui menacent les états, et poser les fondements de la tranquillité publique. Il *connait la sagesse humaine toujours courte par quelque endroit :* il l'éclaire, il étend ses vues; et puis il l'abandonne à ses ignorances, il l'aveugle, il la précipite, il la confond par elle-même : elle s'enveloppe, elle s'embarrasse dans ses propres subtilités, et *ses précautions lui sont un piége.*

« Dieu exerce par ce moyen ses redoutables jugements, selon les règles de sa *justice toujours infaillible : c'est lui qui prépare les effets dans les causes les plus éloignées, et qui frappe ces grands coups dont le contre-coup porte si loin :* quand il veut lâcher le dernier, et renverser les empires, *tout* est faible et irrégulier dans les conseils...

« Mais que les hommes ne s'y trompent pas : Dieu redresse quand il lui plaît le sens égaré ; et celui qui insultait à l'aveuglement des autres tombe lui-même dans des ténèbres plus épaisses, sans qu'il faille souvent autre chose pour lui renverser le sens que *ses longues prospérités.*

« C'est ainsi que Dieu règne sur tous les peuples. Ne *parlons plus de hasard ni de fortune,* ou parlons-en seulement comme d'un *nom dont nous couvrons notre ignorance :* ce qui est hasard à l'égard de nos conseils incertains est un dessein concerté dans un conseil plus haut ; c'est-à-dire dans ce conseil éternel qui renferme *toutes* les causes et *tous* les effets dans un même ordre. De cette sorte, *tout* concourt à la même fin ; et c'est faute d'entendre le tout, que nous trouvons du hasard ou de l'irrégularité dans les *rencontres particulières.*

« Par-là se vérifie ce que dit l'apôtre, que « Dieu est « heureux et le seul puissant, *Roi des rois,* et Seigneur des « seigneurs. » Heureux, dont le repos est inaltérable, qui voit tout changer sans changer lui-même, et qui fait *tous les changements* par un conseil immuable ; *qui donne et qui ôte la puissance ;* qui la transporte d'un homme à un autre, d'*une maison à une autre,* d'un peuple à un autre pour montrer qu'ils ne l'ont tous que *par emprunt,* et qu'il est le seul en qui elle réside naturellement.

« C'est pourquoi tous ceux qui gouvernent se sentent assujettis à *une force majeure :* ils font plus ou moins qu'ils ne pensent, et *leurs conseils n'ont jamais manqué d'avoir des effets imprévus :* ni ils ne sont maîtres des dispositions que les siècles passés ont mises dans les affaires, ni ils ne peuvent prévoir le cours que prendra l'avenir, loin qu'ils le puissent forcer. Celui-là seul tient *tout* en sa main, qui sait le nom de ce qui est et de ce qui n'est pas encore, qui préside à tous les temps et prévient tous les conseils.

« Alexandre ne croyait pas travailler pour ses capitaines, ni ruiner sa maison par ses conquêtes. Quand Brutus inspirait au peuple romain un amour immense de la liberté, il ne songeait pas qu'il jetait dans les esprits le principe de cette licence effrénée par laquelle la tyrannie qu'il voulait détruire devait être un jour rétablie plus dure que sous les Tarquins. Quand les Césars flattaient les soldats, ils n'avaient pas dessein de donner des maîtres à leurs successeurs et à l'empire.

« En un mot, il n'y a *point de puissance humaine qui ne serve malgré elle* à d'autres desseins que les siens : Dieu seul sait tout réduire à sa volonté. C'est pourquoi tout est surprenant à ne regarder que les causes particulières; et néanmoins *tout* s'avance *avec une suite réglée.*

« Pendant que vous les verrez tomber presque tous d'eux-mêmes, et que vous verrez la religion se soutenir par sa propre force, vous connaîtrez aisément quelle est la solide grandeur, et où un homme sensé doit mettre son espérance. »

Les Bourbons en général sont si préoccupés de la Providence qui les châtie, surtout parce qu'elle les aime, que leur Henri III avait pris le châtiment céleste pour devise de ses *trois couronnes : Manet ultima Cœlo!* — et que Louis XVIII, lui qu'on n'accusera point de fanatisme, fut le premier à répondre au clergé en entrant à Notre-Dame,

après le 20 Mars : « Nous devons regarder les malheurs qui
sont arrivés à la France et à Moi, comme UNE JUSTE
PUNITION DE DIEU. Allons aux pieds des autels achever
de désarmer sa colère. »

Quelles furent éloquemment développées ces paroles sur
le cercueil du Duc de Berry, par feu Monseigneur de Qué-
len (*), dont la si belle mort a fait à jamais une autorité :

« *Convertam festivitates vestras in luctum, et omnia cantica
vestra in planctum;.... et ponam eam quasi luctum unigeniti.*

« **Je changerai vos fêtes en deuil, et vos concerts en plaintes
lamentables ; et je plongerai Israël dans les larmes comme une
mère qui a perdu son Fils unique.**

« AMOS, C. VIII, V. 10. »

« Monseigneur,

« Lorsque, du haut de son trône éternel, le Dieu qui regarde les nations et les rois avait juré de visiter et de punir
d'une manière éclatante les continuelles prévarications de
son peuple, il lui faisait annoncer par ses prophètes qu'il

(*) Massillon, et Massillon en présence du Régent Philippe
d'Orléans, s'écriait encore plus énergiquement, dans l'*Oraison fu-
nébre* du Dauphin :

« **Trois princes du sang royal, dans l'intervalle presque d'une
année, ont été enlevés à la France, qui les pleure encore, à leurs
augustes enfants, à leurs épouses désolées ; en rendant des devoirs
lugubres et religieux à leur mémoire, nous vous avons annoncé les
jugements du Seigneur et la vanité des choses humaines.** *Enfin,
le fils et l'héritier lui-même vient d'être frappé.* **Les châtiments de
Dieu vont en augmentant comme nos crimes.** *Quand arrêterons-
nous donc son bras levé sur nous ?*

« **Que nous prépare-t-il si ce dernier malheur est encore pour
nous une LEÇON inutile ? »**

allait laisser enfin tomber sur lui son bras étendu, et que le coup dont il l'aurait frappé retentirait dans l'univers.

« Écoutez, enfants d'Israël, lui disaient-ils, voici l'arrêt qu'a prononcé contre vous le Seigneur des armées. *Les fléaux que je vous avais envoyés pour vous avertir n'ont point changé vos cœurs;* insensibles aux traits de ma colère, vous n'êtes pas revenus à moi; mes efforts multipliés pour vous guérir n'ont pu vous toucher. C'en est fait, je vais exécuter sur vous toutes mes menaces. *Vos villes retentiront de plaintes et de sanglots,* et, dans vos campagnes, on n'entendra que des cris lugubres qui répéteront : *Hélas! hélas!*....... *Les jours marqués pour l'ivresse et les plaisirs, je les changerai en des jours de deuil* et de larmes; ces lieux consacrés aux ris et aux amusements, je les rendrai silencieux et déserts; les concerts de joie dont ils résonnaient seront remplacés par des accents lamentables; et tout Israël pleurera comme une mère qui a perdu son fils unique : *Convertam festivitates vestras in luctum, et omnia cantica vestra in planctum...; et ponam eam quasi luctum unigeniti.*

« Ne s'est-elle pas accomplie sur nous dans toute sa rigueur, cette prédiction désolante, Messieurs? La consternation universelle, le silence de la capitale, le deuil de ses habitants, les larmes qui coulent des yeux de tout un peuple, les voix douloureuses qui s'élèvent de toutes parts attestent à l'Europe et au monde, plus encore que tout cet appareil imposant et lugubre, que le Seigneur *a foulé* tous les cœurs français *dans le pressoir de sa fureur.*

« Oui, Messieurs, tous les cœurs français, et celui du monarque, qui s'est vu obligé de recevoir, en quelque sorte, LE DERNIER SOUPIR DE SA FAMILLE; et celui d'un père qui, dans *un seul* de ses enfants, croit voir s'éteindre toute sa postérité; et celui d'une sœur, qui semble ne vivre que pour voir tomber les uns sur les autres sous un fer parricide ses augustes et vertueux parents; et celui d'un frère qui se sent arracher parmi les embrassements les plus tendres un frère qui faisait le charme de sa vie; et celui d'une épouse frappée de langueur dès sa jeunesse, et condamnée à un triste veuvage; et celui de la France, qui, au milieu des sentiments d'indignation et d'effroi dont elle est agitée, s'abandonne à sa douleur comme une mère inconsolable qui pleure son fils unique : *Convertam festivitates vestras in luctum, et omnia cantica vestra in planctum...; et ponam eam quasi luctum unigeniti.*

« La religion vient à son tour mêler ses soupirs et ses larmes à tant de larmes et de soupirs; mais elle vient aussi tempérer de cruelles amertumes *par de divines consolations, etc.* (*). »

(*) Les Romains eux-mêmes n'exceptaient *rien* du gouvernement de la Providence; témoin cette proclamation de Cicéron, dont le traité *De la nature des Dieux* est le résumé de toute la Sagesse profane : *Deorum Providentiâ Mundus administratur : iidem consulunt rebus humanis, nec solum Universis, verum etiam SINGULIS » :*

Ce qui comprend apparemment la mort... et la plus inouïe... des Rois !

Leibnitz, et de nos jours le Comte de Maistre, profondément chrétiens, semblent n'avoir composé l'un sa *Théodicée*, et l'autre ses *Soirées*, que pour prouver cette proposition, que : « Dieu, qui a créé l'homme libre, a *prévu*, de toute éternité, jusqu'à la plus petite de leurs pensées, libre; et il a combiné *Toute* la nature, de façon à éprouver, à récompenser ou à punir, avec la plus parfaite exactitude, même dans le temps, jusqu'à la plus petite de leurs pensées vertueuses ou coupables. »

Notre *Législation générale de la Providence* a pour objet de le démontrer ; et elle Prédit, *en toutes lettres,* le 15 juillet 1842.

Mais c'est *la Presse* du jour même des consolantes funérailles du fils du roi qui est admirable ici d'irrécusables et poignantes vérités :

« ..... Il était arraché *brusquement* à la vie, au plus beau
trône du monde, avant qu'il eût accompli son œuvre *de concert avec la Providence. Il n'a été que l'espérance d'un beau
règne, que l'étoile du soir tombée sur la plaine déserte.*

« Dans le mélancolique et religieux mystère de ces destinées royales interrompues avant le temps, l'âme se trouble ;
elle hésite à y voir LA COMPLICITÉ DE DIEU ; elle s'in-
cline sous le poids de *cette formidable sentence,* mais elle ne
peut s'empêcher de gémir. *Quelle sombre fatalité pèse donc
sur la France depuis cinquante ans, pour que pas un fils de
roi n'ait pu y régner ?* A quelles expiations INCONNUES
(elles sont plus *éclatantes* que le soleil à midi) notre malheureux pays est-il donc condamné pour que toujours la *tige
royale qui s'élève soit frappée au pied du trône,* et que toujours la transmission du sceptre et la sécurité de tous soient
soumises à de nouvelles perplexités ?

« Nous n'étions pas seuls à faire ces réflexions, la vue du
cortége sinistre qui roulait entre deux flots de peuple, au
milieu d'un silence et d'un deuil profond, inspirait à tout le
monde les *mêmes* pensées qu'à nous. Il existe au fond des
masses, dans les jours semblables à celui-ci, une conscience
collective qui est la voix même de la vérité. On ne plaignait
pas, on ne pleurait pas seulement le jeune prince déposi-
taire de si grandes espérances et de si belles destinées, mais
encore *on faisait de tristes méditations sur le vide qu'il lais-
sait autour de lui.* Ce qu'il aura perdu dans cette vie, sans
doute il l'aura retrouvé dans une vie meilleure, et il n'aura
fait que changer de couronne. Mais nous nous sentions *tous*
frappés par cette catastrophe, et il semblait que ce *char de*

mort qui résonnait sourdement sur le pavé, emportait une partie des promesses de l'avenir.

« Toutes ces qualités, toutes ces prophéties d'un grand règne sont perdues, évanouies. Nous venons de les voir passer, emportées *à tout jamais* avec ce cœur éteint, recouvert d'un drap noir.

« Derrière l'armée venait le clergé, ce représentant d'une autre vie, chargé de rappeler à ce moment qu'il est pour les princes une JUSTICE DIVINE comme pour les autres hommes. Et après la CROIX, ce symbole du néant de toutes les grandeurs humaines, venait une voiture, traînée par quatre chevaux noirs, où était disposée l'urne qui contenait le cœur du prince. Cette voiture était suivie du cheval de bataille qui marchait la tête basse et recouvert d'un crêpe. Ensuite, venaient d'autres voitures de deuil, où étaient l'archevêque de Paris et les évêques qui assistaient à la cérémonie. Ils étaient suivis du grand char funèbre, surmonté de statues d'argent et de symboles, et traîné par six chevaux noirs entièrement cachés sous de larges camails. Quatre maréchaux à cheval tenaient les cordons du poêle.

« Le maréchal Soult, qui a mené le deuil de tant de funérailles, paraissait *le plus triste* et le plus abattu de tous. Cette vieille gloire, qui survivra bientôt seule à une si vaste épopée, et qui est *appelé, d'un jour à l'autre, à rentrer dans la paix du tombeau*, semblait saluer tristement cette jeune gloire naissante, qui n'a pas eu son tour de soleil. Après le char de deuil venait celui des princes, abîmés dans la douleur. Ils étaient suivis de seize autres voitures, montées par les ministres et les *grands* dignitaires de l'État.

« Le cortége, arrêté à chaque minute, a marché ainsi au milieu du silence jusqu'à Notre-Dame, où le cercueil va demeurer exposé pendant trois jours sur son catafalque, environné de lampes funéraires...

« On enlèvera les banderolles noires des tours de Notre-Dame, les signes du deuil disparaîtront, le prince va dormir auprès de la princesse Marie, sa bien-aimée sœur; mais nous allons nous trouver *en présence d'un avenir gros d'événements impossibles à prévoir, difficiles à prévenir.* Tant que le roi vivra, sans nul doute sa main forte et habile saura contenir les partis. *Mais si un nouveau malheur venait se joindre à tant de calamités, si la France est obligée de se pencher sur un berceau pour protéger un enfant et se protéger elle-même, quelle sera la main assez forte, assez exercée pour nous sauver ?* On dit qu'au retour d'une de ses expéditions aventureuses, le grand Albuquerque fut surpris par la tempête au milieu des mers. Le navire, battu par les flots, était près de sombrer, lorsque le hardi conquérant prit un enfant au berceau, qui se trouvait sur le pont, et l'élevant vers le ciel, entre la foudre et le navire, il s'écria : « *O Dieu, pardonne à tous les matelots pour l'innocence de cet Enfant !* » *Et la tempête s'apaisa* et s'éloigna en murmurant aux flancs de l'horizon. »

DIEU DEVANT PARIS

DANS LA JOURNÉE DU 13 JUILLET 1842.

... Dic Civitatibus Juda : Ecce Deus vester... in fortitudine. Isai. 40.

I.

LE FAIT.

Il est multiple, et chacun de ses éléments est unique, et d'une unité, d'une éloquence, d'un éclat, à part.

Il s'est opéré sur le *Chemin de la Révolte* qui apporta déjà, Treize années juste auparavant, la couronne... ou *la mort* aux ducs d'Orléans alors si heureux !

Le prince tomba raide mort (1) ;

La *TÊTE*,

Sur le *Pavé* ;

Dans la plus belle Avenue des environs de la capitale (*) ;

---

(1) *Voy.* cette Note à la fin du volume à cause de son étendue.

(*) « C'est dans la *Plaine très-unie des Sablons*, que tous les ans, aux premiers jours du mois de *Mai*, le Roi fait la revue de ses gardes françaises et suisses. Le Roi, les princes, et les belles voitures de la cour, les manœuvres des troupes, attirent une foule dont l'ensemble offre le plus brillant coup d'œil. » (*Tableau des environs de Paris,* par Dulaure)... *Quantùm mutatus !...*

Par le plus beau temps et à la plus belle heure du monde ;

Au milieu des circonstances de sécurité les plus inouïes (*) ;

(*) Les *Débats* constatent parfaitement ce point :

« C'est ce malheur *sans remède* et sans compensation, ce *grand destin* rompu sans retour, cette royale tête qui n'avait entretenu que de généreuses pensées, *brisée sur le pavé d'une grande route*, ce noble cœur qui n'avait battu que pour sa famille et sa patrie, glacé pour jamais...

« On l'aimait à Paris. Paris n'avait pas oublié que le jeune colonel du 1ᵉʳ régiment de hussards avait, en *août* 1830, amené dans ses murs le premier régiment qui eût arboré la cocarde tricolore.

« Le prince royal était parti des Tuileries dans la voiture dont nous avons donné hier la description minutieuse, et il est si peu vrai que l'emportement des chevaux eût résulté du dérangement d'une caisse de l'avant-train, que cette *voiture n'a aucune espèce de caisse de ce genre*. L'avant-train était dans un état *parfait de conservation*, et la voiture avait été visitée le matin même, comme on prenait soin de le faire chaque fois que S. A. R. devait s'en servir. Les chevaux ne se sont vraisemblablement pas emportés tout à coup, comme cela aurait eu lieu à la suite d'un choc soudain. Mais voici ce qui est arrivé : M. le duc d'Orléans avait l'habitude, quand il revenait de Paris, de prendre l'avenue qui est perpendiculaire à la porte Maillot et qui est si tristement célèbre aujourd'hui.

« Le prince suivait ordinairement cette route, parce qu'elle *conduit plus directement à Villiers* où était la résidence de S. A. R. ; il entrait alors dans le grand parc de Neuilly

Conduit par le plus habile écuyer de Paris ;

par la grille qui fait face à cette avenue. Mais, le 13 juillet, quand le prince royal arriva de Paris, comme il se rendait chez le roi, il devait se diriger par la route transversale qui va de la porte Maillot, en traversant Sablonville, jusqu'à la vieille route de Neuilly, et de là jusqu'à *l'entrée d'honneur du parc*. Cependant les chevaux, échauffés par une marche assez rapide depuis le départ des Tuileries, avaient commencé à s'animer outre mesure au moment où le prince arrivait devant la *porte Maillot*.

« Déjà le postillon ne les maîtrisait plus qu'avec peine, quoique son *porteur* eût seul pris le galop, et, naturellement, entre les *deux routes*, l'une perpendiculaire, l'autre diagonale, qui s'offraient à eux, ils prirent celle qu'ils avaient l'habitude de suivre ; et à ce moment, comme cela arrive souvent aux chevaux qui sentent les approches de leur écurie, leur vitesse augmenta. Le *porteur* donna même quelques ruades dans son palonnier. Attaché très-court, ainsi que c'est l'usage, particulièrement dans les attelages à la *daumont*, le cheval se sentit gêné, et c'est alors qu'il s'emporta avec une rapidité qui entraîna le cheval *sous-main*, lequel était resté jusqu'alors fort tranquille.

« Le prince cria au postillon : « Tu n'es plus maître de tes chevaux ? — Non, monseigneur ; mais je les dirige encore. » Et en effet, il n'avait perdu ni les arçons, ni les étriers ; il tenait vigoureusement les guides, et il pouvait espérer détourner ses chevaux par la gauche dans la vieille route de Neuilly qui lui offrait carrière. « Mais tu ne peux donc pas les retenir ? cria de nouveau S. A. R., qui s'était levée debout dans sa voiture.—Non, monseigneur. » Alors le prince, qui était fort agile et d'une adresse ex-

Malgré l'habileté du prince en gymnastique ;

Sans que la voiture, les chevaux, les harnais, les domestiques..., la plage elle-même, *intacts*, aient présenté la trace d'un simple mouvement extraordinaire ;

---

traordinaire, se confiant dans la solidité et le peu d'élévation de son marchepied, sauta à *pieds joints* sur la route, et retomba violemment sur le pavé, poussé par la puissance d'impulsion qui, de la voiture, s'était communiquée à sa personne. Quelques secondes plus tard, les chevaux se calmaient, la voiture s'arrêtait, et nous avons dit que le postillon était revenu se mettre à la disposition du prince, qu'il trouva étendu sans connaissance au milieu du chemin.

« Que conclure de ce récit ? Deux choses. Que le prince prévit, et avec raison, que, si la course des chevaux continuait, il serait impossible de garantir la voiture d'un choc violent à *l'approche des fossés et des amas de pierres qui obstruent en ce moment le chemin de la Révolte à l'entrée du parc de Neuilly*. En second lieu, que S. A. R. ne vit aucun *inconvénient sérieux à sauter à bas d'une voiture très-basse* et dont le marchepied est tout près du sol ; ce que le prince avait déjà essayé plusieurs fois, et *avec succès* (*), dans des circonstances à la vérité moins critiques. Telle est la vérité sur cet affreux incident.

« Ce soir et pendant toute la journée, une file non interrompue de voitures a couvert la route de Neuilly.

« Presque toutes les voitures passaient par l'avenue qui conduit au chemin de la Révolte, et s'arrêtaient sur le lieu

(*) Le plus habile maître de gymnastique de Paris, Durier, qui fut présenté au château par M. Rotschild pour apprendre son art au jeune prince, reconnaît que celui-ci était passé maître.

Relevé par un porteur du *Parisien,* sorte de journal officiel, où l'on s'abonne chez tous les *Epiciers* (2) ;

Aidé de *deux ouvriers* des forts détachés ;

A la porte des écuries d'un Anglais fameux (*) ;

Porté par les ouvriers et accueilli dans l'arrière-boutique du plus pauvre *épicier* de Sablonville, comme jadis Louis XVI fut vendu à Varennes chez un autre ;

Se croisant avec son père venant aux Tuileries... et empêché de dépasser Neuilly ; lorsqu'il allait, lui, à Neuilly, et empêché de rentrer dans son palais de famille,.... à leur insu réciproque ;

N'ayant pas même ouvert une fois les yeux pour voir, tour à tour ou ensemble, tant de tendres objets de tendresse ;

---

de la catastrophe, où, vers huit heures du soir, la foule était considérable. »—Elle y est encore le 6 août comme atterrée !

(2) *Voy.* à la fin.

(*) « On raconte que, voyant le prince sans connaissance, les ouvriers qui l'avaient relevé sur le chemin hésitèrent un instant, ne sachant où déposer le corps. — « Portons-le à la maison voisine, disait l'un.—Non, il y serait trop mal ; déposons-le plutôt ici près, chez lord Seymour, où du moins tous les soins nécessaires lui seront prodigués. » Un troisième interrompit alors : « Gardons-nous-en bien, dit-il ; peut-être n'en reviendra-t-il pas, et il ne faut pas qu'un prince de France meure chez un Anglais ! »

..... Mais ne voilà-t-il pas que *l'un au moins* des chevaux, le *porteur,* venait de l'Anglais, et avait voulu y retourner !

Se trouvant seul, cette fois, dans sa voiture, sans personne de sa nombreuse famille, de sa cour, de ses amis (*) encore plus nombreux, les uns si près de lui, les autres si éloignés sur des horizons opposés ;

Sans aumônier de sa maison ou de celle du roi, sans le curé même (il était en campagne) de leur paroisse, courageusement relevée par eux de ses débris révolutionnaires : Saint-Germain-l'Auxerrois ;

Tous les parents et amis, gardes-du-corps et de l'âme du Prince, par une suite de fatalités incidentes accessoires, ne pouvant être avertis et venir à lui que l'un après l'autre, séparés, comme pour multiplier les angoisses, les terribles et salutaires influences du malheur, et pour lui et pour eux !

Ayant à peine pu ouvrir les oreilles pour les entendre ;

Mais plus heureux sans doute pour avoir entendu

(*) Et surtout les plus importants ou les plus aimés : M. Thiers,—M. Lamartine, qui n'a eu, lui, que de loin cette consolation providentielle : « Nous ne voulons pas envisager l'horizon politique : nous nous confions à votre vie, que nous demandons à Dieu de prolonger ; nous nous confions à cet instinct de conservation, qui fait que les peuples ne meurent pas même du coup dont ils sont frappés dans leurs princes ; nous nous confions surtout en *cette Providence qui gouverne, parce qu'elle retire comme parce qu'elle accorde aux nations.* Remettez, sire, votre cœur saignant dans ses mains, comme *nous lui remettons notre destinée.* »

et accepté le prêtre qui lui donna l'extrême-onction , que malheureux pour tout le reste ;

Ne trouvant que *deux mots* à dire , échappés au *feu* de la douleur, et encore à son jockei, et *en allemand* (la langue la plus hostile à la France) : « *Éteignez le feu; fermez les portes* »..., Que la France entière aurait voulu ouvertes... pour voir mourir si pauvrement et si royalement un roi... ;

Mourant entre les bras du même homme du *Parisien* qui avait eu le bonheur de le relever... ;

Expirant enfin après quatre longues, quatre mortelles heures de la plus terrible agonie ;

Dans la force et à la fleur de l'âge ;

Déjà riche de réalités et d'espérances de sa propre famille... ;

Le lendemain des élections générales, plus que jamais, quoi qu'on en dise, amies de sa dynastie ;

Riche surtout d'avenir aux yeux de sa famille elle-même (*) ;

Le jour, et presqu'à l'heure de son départ pour une suite de fêtes royales et de triomphes militaires dans les provinces ;

Au mois le plus brillant, le plus brûlant, le plus

(*) La veille, la princesse Clémentine lui parlait des *Chances glorieuses de son avenir;* et le Roi a dit le 26 juillet : *Ce fils chéri que j'avais cru destiné* à me remplacer *sur le trône, et qui était la gloire de mes vieux jours.*

historique peut-être de tous les mois de l'année : *Juillet ;*

Le Treize, jour le plus fatal du mois, aux yeux des peuples, et même de plus d'un philosophe, le plus fatal en tout cas au premier et au dernier Bourbon malheureux : Henri IV et le duc de Berry ;

La veille même (et cela est avéré) de sa proclamation de roi (*), par l'abdication prévoyante et habile de son royal père ;

A qui il allait dire un autre *à Dieu* que celui auquel ils étaient réservés, lui, le prince royal, l'héritier présomptif d'une dynastie nouvelle, qui semblait appelé à tous les avantages d'une couronne innocente, celle-là, aux yeux de tous, des passions de 1830, et qui a valu à son père et à sa mère plus que la leur : les larmes et les condoléances intérieures et extérieures de leurs amis et même de leurs ennemis !

Une telle magnanimité (**), une telle douleur scu-

(*) « Le bruit, recueilli hier par un journal, que *Louis-Philippe voulait abdiquer en faveur de son fils, le faire proclamer par les Chambres et le faire reconnaître au camp de quarante mille hommes,* a pris de la consistance dans Paris. *Le Courrier* dit ce matin que la mesure a été comblée par la manière brusque et terrible dont Louis-Philippe a été privé du prince, qu'il avait depuis plusieurs années initié à tous les secrets, à toutes les difficultés de la situation de la France. » (*Gazette de France.*)

(**) La *Presse* : « D'un côté du corps, la reine, baignée

lement, devant une telle catastrophe, suffirait à faire redevenir Bourbon..., le Bourbon même qui aurait pu, un moment, cesser de l'être.

---

de larmes, à genoux sur les carreaux d'une boutique ; de l'autre côté, le roi, ému, mais non troublé, dans l'attitude calme et résignée du chrétien pour qui toute douleur nouvelle est un degré de plus qui l'élève à la hauteur des cieux.

« Rien ne saurait donner l'idée d'une plus *grande majesté* dans une plus grande douleur. »

Et le *Globe* :

« La reine a demandé un prêtre, et M. le curé de Neuilly s'est empressé d'accourir. Il a essayé de parler au prince, qui paraissait tout voir et tout comprendre, mais qui n'a jamais répondu. Ses souffrances ont semblé extrêmes en ce moment, et le vénérable pasteur s'est préparé à lui donner l'extrême-onction.

« Alors la pauvre chambre où se trouvait M. le duc d'Orléans a présenté un spectacle déchirant et sublime. Le roi, la reine, les princes et les princesses étaient à genoux, par terre, autour du moribond, poussant des sanglots, et le prêtre lui administrait le dernier sacrement et recommandait son âme à Dieu. »

La *Gazette des Tribunaux*, la première :

« La reine vit que tout était consommé ; alors la mère fit place à la chrétienne, et, joignant les mains, elle dit au prêtre d'une voix déchirante : « Par pitié, priez encore pour mon fils !..... *Dites-moi qu'il est au ciel !....*»

DITES-MOI QU'IL EST AU CIEL !

« Le vénérable pasteur ne répondait que par ses larmes. »

Nous ne sachons pas de mot plus sublime. Celui de l'abbé Edgeworth à Louis XVI : *Fils de Saint-Louis, montez au Ciel !*

Qu'on dise à présent que les Stuarts sont les seuls rois nés, mourants ou survivants, malheureux !

Mais c'est surtout le GRAND LIEU de la castastrophe qui est mémorable :

La *Capitale* de la France, c'est-à-dire la vraie Chambre des représentants et même des députés de tous les départements, et... de tous les pays ;

La ville de PARIS, la grande Ville, le grand théâtre de plus en plus progressif de la vérité et des erreurs, du bien et des maux, de toutes les causes, de tous les moyens, de tous les résultats, des révolutions bienfaisantes et des révolutions désastreuses...

Ce Paris, qui, la veille encore, venait de se montrer colère, et, il faut le dire, ingrat envers le roi... qu'il avait fait, en lui envoyant pour députés les hommes capables de le défaire ;

Ce *Paris,* qui n'a plus aujourd'hui d'espérances que dans un enfant *de son nom !*

Et dans quel quartier de Paris?

La Barrière de l'*Etoile !* l'*Arc-de-Triomphe !* les *Champs-Élysées !*

Le lieu le plus beau, le plus riche, le plus royal ;

A égale distance, au *milieu* des quatre grands Palais royaux de ville et de campagnes des deux augustes branches de la Maison de Bourbon, si bonne

---

ne montre que la puissance du Prêtre sur Dieu ; celui de *Marie-Amélie* (les deux plus beaux noms) suppose la puissance, que nous croyons réelle, du simple Fidèle sur le prêtre !

aux peuples les plus ingrats : le *Palais-Royal* et
Neuilly (*), — les *Tuileries* et *Saint-Cloud !*

(Versailles, cette grandiose majesté surannée, déchue..., le *Palais-Royal des Parisiens*, des bourgeois
de Paris, avait été assez frappée deux mois auparavant...)

Et le PETIT LIEU (3) de la chute aussi prodi-
gieuse qu'effroyable...

Mais c'est ici surtout que nous rentrons dans la
seconde partie de notre pensée : la moralité, la philosophie, la théologie du fait, et la solution si aisée,
si faite déjà par tout le monde, du problème de son
explication.

II.

LE JUGEMENT DU FAIT.

Le fait, on peut le dire, car *tous* les journaux eux-
mêmes l'ont *dit*, et tout le monde surtout l'a *pensé*,

(*) La fatalité rappelait de toutes ses forces le prince à
Neuilly :

Le *Globe* de Londres rapporte, d'après sa correspondance
de Paris, l'anecdote suivante :

« Le duc d'Orléans avait pris congé de sa famille à
Neuilly, où il ne devait pas retourner. Mais, ayant terminé
plus tôt qu'il ne le pensait une inspection militaire, il regarda
sa montre et dit : « Je suis en avance de plus de trois
« quarts d'heure; cela me suffit pour courir à Neuilly, leur
« dire seulement *au revoir*. »

(3) (*Voy.* cette Note à la fin.

le Fait est immense, il est inouï, il est unique, peut-
être depuis la fondation de la monarchie française.

L'antiquité elle-même n'offre rien qu'on puisse lui
comparer.

Les conséquences politiques et morales, médiates
et immédiates, du fait ne sont pas moins immenses.

Tout le monde le sent encore.

Seulement la conséquence qui occupera le plus
le monde et les Chambres, c'est la plus petite (comme
il arrive toujours) : la régence.

Mais ce que tout le monde a besoin, apparemment,
qu'on lui apprenne, ce sont les causes, et même les
grands faits d'une grande calamité ;

Et d'abord celui qu'on n'a *point d'homme* coupable
à chercher, ou seulement à imaginer ici, pour ajouter un second malheur apparemment à un premier.

Et ceux-là même qui songeraient à profiter de
près ou de loin de la catastrophe, n'auront nul
homme à en remercier.

Cette seule considération est mémorable.

Ainsi les *Clausel* de 1842 ne diront point cette fois
aux *Decazes*, s'il y avait des Clausel ou des Decazes,
s'il y avait surtout des Berry en 1842 : « *C'est Vous
qui avez assassiné le duc de Berry.* »

Si donc, il y avait quelqu'un à accuser ici, s'il y
avait quelqu'un à remercier (le plus grand *malheur*
n'est que le meilleur *bon à quelque chose*, et les journaux les plus dépendants ou indépendants l'ont dit

dès le 14 juillet) (4), ce serait DIEU SEUL assurément (5) !

On croit voir une application éloignée de ces
paroles de l'*Ancien-Testament* aux livres VIII et
XI de l'*Exode* : *Digites Dei est hic.... Et morietur
omne primogenitum in terrâ Ægyptorum à primo ge-
nito Pharaonis qui sedet in solio..*, et dont le résultat
doit être la gloire de Dieu et du Roi lui-même : *Et
adorabunt me...*

Quant à moi (et j'ose le dire pour le royaliste vrai
comme pour l'Église), j'étais prêt, Dieu le sait, à
remercier Dieu de la mort de Henri V le **27** juillet
1840, comme je le remercie de celle du duc d'Orléans
le **13** juillet **1842**...

L'enseignement du **13** juillet, bien plus certes que
celui du **21** janvier 93, que celui du **13** *février* **1820**,
que celui des *trois jours* de **1830**, que celui de *juillet* **1835**, que toutes les *Providences* si visibles, si
avouées, si proclamées, de tous les attentats de Fieschi et consorts contre le roi, est avant tout un enseignement aux rois.

Dans tous les autres cas, il y avait haines privées
ou publiques de sujets, et, disons-le, de mauvais
sujets à Souverains : et les meilleurs de ceux-ci n'ont
souvent que les pires des autres.

Je conçois que Dieu se mette alors du côté des
princes, pare les coups qui leur sont portés, et les
fasse rétroagir contre leur point de départ.

____

(4) (5) *Voy.* les à la fin.

C'est qu'alors il y a régicide.

Mais lorsque l'amour porté, et, je le dirai, dû au jeune prince royal, exclut jusqu'à la pensée d'un ennemi personnel ou politique..., il faut voir, ou nulle part, ou jamais, dans la mort de ce prince : toute seule, et libre, la Main de Dieu,... toujours amie, surtout amie *salutaire* dans ses *rigueurs.*

DIEU enfin, ou *rien!!!*

Et, pour ma part, je ne crois pas plus à Dieu lui-même qu'à sa bonté, le 13 juillet, pour le royaume très-chrétien, et pour les *Fils aînés* ou cadets *de l'Eglise,* sans excepter les d'Orléans-*Egalités* (car il y a *égalité* surtout *devant la mort*), qu'il exécute, tantôt de la main de l'innocent bourreau, tantôt de celle des *Conventions* coupables, et tantôt de la main ingénieuse, si j'ose le dire, d'un écuyer, ou mieux encore, de l'ardeur d'un cheval orgueilleux!—Et qu'il « n'exécute jamais, dit l'ami et même le courtisan des rois par excellence, Bossuet, que comme son dernier moyen d'en faire des martyrs et des élus. » — En sorte que l'abbé Lothringer (6), qui reçut et scella le repentir de l'âme du père du roi de France actuel, la veille de sa mort sur l'échafaud qu'il avait dressé pour un autre, put lui crier, comme l'abbé Edgeworth à Louis XVI : *Fils de saint Louis, montez au ciel!*

L'abbé Coquereau a pu le dire, et, quoi qu'il en soit, je le dis, moi, et hardiment, dans la foi et dans

____

(6) *Voy.*-la à la fin.

la logique les plus profondes, du prince royal le 13 du
mois fatal et providentiel à la fois (*) :

(*) Tous les royalistes eux-mêmes ont dit avec M. le
vicomte de Maumigny : « Qui ne tressaillit en entendant ce
cri de l'amour maternel : « J'étais trop heureuse et trop
« fière de lui ; Dieu me l'a enlevé. » A ces plaintes déchirantes : « Ce n'est pas trop, mon Dieu ! mais c'est beaucoup,
« oui, c'est beaucoup ! »

« Qui, d'un œil sec, a pu lire le récit de cette scène de
désolation? Le roi, les princes et les princesses se sont précipités à genoux en arrivant. « Ferdinand ! mon pauvre Fer-
« dinand ! criaient-ils, réponds-nous ! Oh ! réponds-nous !..»
La reine tirait des larmes de tous les yeux par sa douleur
et par les prières ferventes qu'elle adressait au ciel (*).
Elle est restée quatre heures au pied du matelas où son fils
agonisant était étendu. En arrivant, Sa Majesté détacha une
petite médaille, qu'elle porte sur elle depuis le jour de sa
première communion, et la plaça sur le cœur de son fils
chéri (**). »

« Puis, quand l'infortunée princesse vit impuissants tous
les secours de l'art, tournant alors ses regards vers une
autre vie : « Par pitié, Monsieur, dit-elle au prêtre, priez
« encore pour mon fils; dites-moi qu'il est au ciel (***).» Et
le prêtre ne pouvait répondre que par des larmes, car
c'était le secret de Dieu.

« Le prince, en effet, n'a pas recouvré la parole; mais il
a paru sensible à plusieurs phrases qu'il comprenait. En
pouvait-il être autrement, lorsque sa pieuse mère et ses
sœurs s'abîmaient au pied de son lit dans une prière ardente,

(*) *Parisien.*—(**) *Débats.*— (***) *Siècle.*

4

O pensées humaines, ô humaine justice! que de choses il vous manque pour être vraies ou justes!

La leçon ici fut donc admirable pour le prince malheureux : car s'il a eu dans sa chute et depuis, et même avant (7), une pensée (et je suis sûr qu'il en a eu mille), elle a été pour le Dieu... qu'il avait plus d'une fois proclamé (*).

---

demandant par-dessus tout une fin chrétienne pour celui qu'elles allaient perdre (*)? »

L'éloquent archevêque de Bordeaux, que le prince royal voulait à toute force élever au siége de Paris, mieux inspiré, a dit mieux : « La Prière d'une Mère n'est-elle pas du nombre de celles *qui pénètrent les cieux ?*»

(7) *Voy.* à la fin.

(*) Le prince a répondu à l'archevêque de Bordeaux, dans une circonstance solennelle :

« Monsieur l'archevêque, j'en ai la ferme confiance, les prières que vous allez adresser à Dieu seront exaucées. Je partage les sentiments qui vous animent pour la prospérité de ce département et pour le bonheur de toute la France. Le roi, comme vous l'avez dit, saura les vœux que vous venez si bien d'exprimer en faveur de la population borde-laise, dont vous êtes le pasteur chéri, et à laquelle vous faites journellement tant de bien. Quoique absent, le roi, soyez-en sûr, s'associe à nos prières; avec vous, monsieur l'archevêque, il demande au Ciel l'union de *tous les Français, ÉGAUX dans son cœur, comme devant la loi et devant Dieu.* »

(*) *Univers.*

La leçon est bien autrement grande et éclatante pour le roi, pour toute la famille du roi, pour toutes les branches de la famille du roi..., toutes frappées dans leur Tête la plus sacrée.

C'est à présent que le roi saura que *Dieu est patient parce qu'il est éternel*, et que ses *providences agréables* (8) apparentes sont souvent grosses de providences terribles.

.... C'est à présent, et désormais, que le *roi des Français* (que j'appelle *roi de France* par orgueil de *Français*) saura, à n'en plus douter (*), que celui qui craint Dieu n'a rien à redouter des hommes ; qu'il n'a rien surtout à redouter de Dieu ; et

---

Et à M. l'évêque de Bayonne :

« Je vous remercie, Monsieur, de l'appréciation que vous venez de faire du concours que prête le roi au maintien et à l'affermissement de la religion. Oui, la religion doit exercer une salutaire influence sur les peuples, lorsque ceux qui sont chargés de la leur enseigner se renferment, comme vous, dans l'exercice de leur saint ministère. Je vous remercie pour madame la duchesse et pour moi des vœux que vous avez bien voulu faire pour nous, et des prières que vous allez adresser au ciel pour ma famille et pour la France. »

« Après le chant de l'*Exaudiat* et du *Domine salvum*, le duc et la duchesse ont visité la cathédrale et se sont rendus à l'évêché. »

(8) *Voy.* à la fin.

(*) On lit dans *la Patrie* du 25 Mai :

« Si l'on en croit quelques récits qui viennent de bonne source, un *luxe inusité de précautions entoure en ce mo-*

que ses vrais gardes-du-corps sont les admirables
Évêques qu'il se complaît à élire, et surtout cette *Médaille miraculeuse* qu'il portait, nous le savons..., au
jour de son miraculeux salut à la machine infernale;
— mais aussi que la Providence sait, en temps et
lieu, échapper à la police, qui, elle-même, n'échappe
point à la Providence, et qu'elle sait (s'il le faut à
toutes ses sortes de justices) faire trouver la mort...
jusque dans la vie et pour elle!

---

ment la résidence de Neuilly. On sait déjà qu'une nombreuse garde veille aux issues de ce palais et en défend les
abords avec une rigidité qui témoigne au moins de la mé-
fiance. Mais ce qu'on ne sait pas, c'est que tous ces frais
ombrages de l'île qui est en avant du parc, tous ces bos-
quets touffus, recèlent des factionnaires dont les armes sont
chargées, et qu'il serait dangereux de se laisser séduire par
les charmes de ce feuillage.

« On dit même que la surveillance s'étend beaucoup plus
loin; ainsi des patrouilles de cinquante hommes partent,
dit-on, de quart d'heure en quart d'heure de la caserne
de Courbevoie et se croisent sans cesse du pont de Neuilly
à celui d'Asnières, sondant tous les buissons, les fossés, etc.
Voilà pour l'armée de terre. La marine a aussi son service :
chaque nuit des embarcations montées par des marins ar-
més font une croisière active dans les eaux de Neuilly et
exercent le droit de visite sur tous les bateaux qui s'appro-
chent de l'île. Enfin, assure-t-on, des sapeurs sont placés à
la tête de chacun des petits ponts qui vont de l'île au ri-
vage du côté du parc, et ont ordre de les couper au moindre
signal. »

> Et la garde qui veille aux barriéres du Louvre,
> N'en défend pas nos rois.

C'est à présent, et accessoirement, que le roi de France se gardera bien sans doute de répéter la Saint-Philippe à Versailles le jour consacré à Dieu dans tous les temps et chez tous les peuples ;... et qu'il ajournera à cent années, à la façon de l'Aréopage, les *causes* qui ne sont pas *entendues*,... les *fêtes de juillet*, lesquelles seraient à jamais le lendemain de son immortel deuil.

Les *Fêtes politiques* le jour de la fête de Dieu, le *Dimanche*, mêlées aux fêtes de Dieu, et par conséquent exclusives des fêtes de Dieu (*Celui qui n'est pas pour Moi, est contre Moi,* dit Dieu lui-même); — les *fêtes... impolitiques* surtout, fussent-elles le *lundi*, sont, désormais, et à jamais, frappées de malédictions divines éclatantes : les premières par la catastrophe du Dimanche même sur le *Chemin de fer* de Versailles; les autres par la Chute d'un jour (*) plus

---

(*) Le *Treize Juillet!*—Quand ce n'eût pas été le jour fatal du plus lâche, du plus effroyable, du plus fanatique assassinat de l'ère régicide moderne, c'eût été *juste* le jour qu'il fallait aux royales funérailles de l'auguste Victime pour être prêtes *treize* jours après, les 27, 28 et 29 juillet, et coïncider avec nos jeux *malgré Minerve.*

Et nous ne voudrions pour le prouver que l'avancement de l'ouverture des Chambres à la veille de ces *trois jours,* et l'ajournement des funérailles du prince royal au lendemain.

On peut dire de cette *Fête,* ce que Tacite dit de l'image

mémorable encore sur le *Chemin de pavés* de Néuilly.

Les *Chemins de fer* universels et les Forts détachés de Paris, celui surtout du Calvaire, sont frappés de la même malédiction par un contre-coup visible....

C'est aussi à présent que Louis-Philippe appréciera la catastrophe du 13 *février* à l'Opéra...

Leçon immortelle, leçon *ad hominem*, au duc de Bordeaux, si jamais il se trouve rappelé formellement par la Providence, plus forte et plus légitime apparemment à faire ou défaire des rois ou des chartes, que toutes nos assemblées passées, présentes ou futures, car il faillit, lui aussi (et quel jour et à quel anniversaire !), être envoyé avant le temps, *Fils de Saint-Louis, au Ciel.*

Leçon immortelle enfin pour les rois de toute origine et les souverains de tous les trônes, lesquels entendront enfin cet *Exaudiat* sublime, et aujourd'hui *si pittoresque*, qui nous a fait dire, et osons le dire, inspiré, au mois de juillet 1841, cette Note glorieuse et finale de nos *Magnificences de la Religion*, qui peut passer pour une véritable prophétie :

Car l'Écriture Sainte est surtout faite pour et contre les Rois : c'est *à Eux* que le Roi Prophète dit qu'il les fait *s'échapper du Chemin :* « Effusa est con-

---

de Brutus seule absente aux funérailles de Germanicus, qu'on la voyait d'autant mieux qu'elle n'y était point : *Præfulgebant Cassius atque Brutus eo ipso, quod effigies eorum non visebantur.* Ann. III.

temptio super principes, *errare fecit eos in invio, et non in viâ…. Videbunt recti*, et lætabuntur : et *omnis iniquitas oppilabit os suum*. Quis sapiens, et custodiet hæc? *et intelliget* misericordias Domini? — dans le verset *treize* du Psaume **75** : que « *Dieu est terrible : Terribili et ei qui aufert spiritum Principum*, TERRIBILI APUD REGES TERRÆ ; et dans le *Dixit*, que Dieu *brise* leur *Tête* dans sa colère : *Confregit in die iræ suæ Reges…. Conquassabit Capita….*

Dieu au livre IV des *Rois*, v. **19**, se dit le *Seul Dieu des Rois : Deus solus Regum.*

Or, voici nos propres paroles dans les *Magnificences de la Religion :*

« …. Enfin, un Enfant que sa seule position a déjà fait homme, et, à certains égards, Roi, et plus que Roi (puisqu'à sa destinée est appendue celle de tous les Rois),…. échappé à la mort *le jour même* que sa royauté pensa périr, et presque aussi miraculeusement qu'à sa naissance il avait échappé au fer de Lou..ve., mais en proie aux douleurs les plus aiguës, criant au vaillant Clouet : *Allons, Général, c'est pour compléter mon Éducation que Dieu m'a condamné à cette épreuve de patience.*

« Il faut que la Providence qui veille sur les jours de Monseigneur le Duc de Bordeaux soit bien grande! Elle a frappé les Fidèles jusque dans l'*Exaudiat* que les hommes *inconvertis* de **1850** ne sauraient, sans dérision, chanter pour eux; car il raconte l'histoire du *Secret* de leur cœur :

...., Nunc cognovi quoniam Salvum fecit Dominus Christum Suum....
III IN CURRIBUS ET III IN EQUIS : nos in Nomine Domini...
Ipsi ceciderunt, nos Surreximus et Erecti sumus :

ainsi traduits dans la *Bible* de Saci, édit. de 1727 :
« Quant à eux, ils sont tombés ; au lieu que *nous
nous sommes relevés*, ET AVONS ÉTÉ REDRES-
SÉS.....» (C'est à n'en pas croire sa raison ni même
ses yeux.)

« Nous verrons bien !....

« S'il n'y avait en effet, dans la France et même
dans l'Univers, qu'UN Homme à plaindre, à trembler d'être, et avant tout, à ses propres yeux (en se
voyant d'un autre point de Vue que celui du Ciel)....
ce serait... Louis-Philippe : lequel, petit-fils de Louis-
le-Grand comme Henri V, et posé à se trouver Roi
de France par la Grâce de Dieu, a accepté, je ne dirai pas la chance de 1000 lâches assassinats dans la
rue, mais seulement celle de sa définition imitée de
Rivarol à *Mercier* (l'auteur du *Tableau de Paris*),
et qu'on prête au nouveau Roi de Prusse : *Pensé
dans la Rue*, sacré *sur la Borne ;*—et du premier mot
qui me vient, à moi, à cette seule occasion , de la
seule force du principe *Constitutionnel* d'où le Roi
relève :

Sous un Bourbon sujet*, tout* Sujet est... Bourbon...

« Raillerie à part, je dirais volontiers, mais presque
seul des Royalistes, aux quelques malheureux.... qui
ont pensé faire ce que Dieu seul s'est réservé........,
comme Châteaubriand à madame la Duchesse de

Berry : *Messieurs, votre Fils est mon Roi* .....

« Mais à la charge de sauver la Patrie et surtout la Religion, à tout prix..... « Sans excepter celui de *ma Légitimité,* » a déjà dit Henri V.

« A ces titres, je *rends* à Louis-Philippe plus que *l'estime* qu'il a, je le sais, *pour mes principes,* et par conséquent pour moi :—*Sinon, non,* comme disaient jadis je ne sais quels Cortèz à je ne sais quel nouveau Roi de Castille.

. . . .

« S'il n'y avait, au contraire, en ce moment, qu'UN seul Français Heureux selon Dieu, et selon le monde, ce serait assurément cet Enfant qui nous était né, et qui vient de nous être conservé à tous...., et qui sait déjà régner sur la douleur et sur lui-même, à l'exemple de son immortel Père, et, sans doute aussi, à la précoce *Imitation* de *son Dieu* : car, nous ne sortons jamais de notre sujet chéri que pour le rendre plus visible et peut-être plus aimable, même aux *Septembriseurs* qui songeraient à lui appliquer leur *Droit criminel.*

. . . .

« Et, en parlant de *bonheur* ou de malheur, qui pourrait oublier, après l'avoir apprise, cette révélation magnifique du Fils de Dieu lui-même à un Saint qui s'étonnait, sans réflexion, à la vue d'un contraste apparent de deux Hommes du monde : l'un criminel, et toujours prospère.... en apparence ; l'autre incessamment vertueux, mais souffrant toujours :—«C'est qu'à leur mort, je ne veux rien devoir à l'un, et avoir tout à donner à l'autre ? ».... :

« Car l'Homme-Dieu, pour être remonté au Ciel, ne s'est pas départi à jamais apparemment de parler à ses enfants : et, pour moi, je crois à la divinité de cette parole, fût-elle humaine, précisément parce qu'elle est magnifique. »

Leçon immortelle pour la Capitale de la France et pour toute la France, qui a lu dans l'Office même de la semaine du *Treize juillet* 1842 (par une vraie coïncidence inouïe, il se trouvait précisément être aussi l'*Office* de la grande semaine de 1830) ces paroles quadruplement *Historiques* de quatre grandes catastrophes, dont *la dernière* est la pire : la Révolution de juillet, la ruine ou la profanation de *Saint-Germain-l'Auxerrois* et de *Sainte-Geneviève* quelques jours après ; les prétendues fortifications de Paris, et la mort du Treize Juillet, depuis :

« Tout ce que vous nous avez fait, Seigneur, vous l'avez fait très-justement, parce que nous avons péché contre vous, et que nous n'avons pas obéi à vos commandements ; mais donnez gloire à votre nom, et traitez-nous selon la Grandeur de votre miséricorde. Vous nous avez rejetés, ô mon Dieu, et vous avez exercé sur nous la rigueur de vos jugements ; mais après nous avoir fait sentir votre colère, vous avez eu pitié de nous.

« *Omnia quæ fecisti nobis, Domine, in vero judicio*

fecisti, quia peccavimus tibi, et *mandatis tuis non
obedivimus*; sed da gloriam nomini tuo, et fac no-
biscum secundum multitudinem misericordiæ tuæ.
Deus, repulisti nos, et destruxisti nos : iratus es, et
misertus es nobis.

Epître de saint Paul *aux Corinthiens*, 10 :

« Vous ne devez pas ignorer, mes frères, que nos
pères ont tous été sous la nuée; qu'ils ont tous passé
la mer Rouge; qu'ils ont tous été baptisés sous la
conduite de Moïse dans la nuée et dans la mer........
Il y en eut peu d'un si grand nombre qui fussent
agréables à Dieu; car ils périrent presque tous dans
le désert. Or, *toutes ces choses ont été des figures de
ce qui nous regarde*, afin que nous ne nous aban-
donnions pas aux mauvais désirs, comme ils s'y
abandonnèrent. Ne devenez point non plus idolâtres
comme quelques-uns d'eux, dont il est écrit : Le
peuple s'assit pour manger et pour boire, et il se leva
pour danser autour de l'idole. Ne commettons point
de fornication, comme firent quelques-uns, ce qui fut
cause qu'il y en eut vingt-trois mille qui périrent
dans un seul jour. Ne tentons pas Jésus - Christ
comme le tentèrent quelques-uns d'eux, qui furent
tués par les serpents. Ne murmurez point comme
murmurèrent *quelques uns d'eux*, qui furent *frappés
de mort par l'Ange exterminateur*. Or toutes ces
choses qui leur arrivaient étaient des figures; et
elles ont été écrites pour nous instruire, *nous qui
nous trouvons à la fin des temps. Que celui donc*

qui croit être ferme, prenne garde de Tomber....»

Evangile selon saint *Luc*, 5 :

« En ce temps-là Jésus étant près de Jérusalem, et voyant cette ville, il pleura sur elle, et il dit : Ah ! si du moins en ce jour qui t'est donné tu connaissais ce qui peut procurer la paix ! mais maintenant tout cela est caché à tes yeux. Car *il viendra un temps malheureux pour toi, où tes ennemis t'environneront de tranchées ; ils t'enfermeront et te serreront de toutes parts...*—Car il est écrit : *Ma maison est une maison de prières, et ils en ont fait une caverne de voleurs.*»

Leçon immortelle pour *le Petit nombre* des Fidèles qui savent que l'Eglise a tout *prévu*, tout développé même, jusque dans leur *Paroissien*, qu'elle a aussi mis bien au-dessus de la Bible tout entière, dont il est le génie et la bienfaisance en action quotidienne.

Ouvrez en effet, dans ce livre par excellence, les *Psaumes de la Férie*, et lisez l'Office du *Mercredi 15 Juillet*, comme de tous les autres mercredis.

Car il faut le rappeler à ceux qui l'oublient et l'apprendre à ceux qui l'ignorent, le dire au moins, en attendant qu'on le prouve, à ceux qui le nient : Dieu, et par conséquent l'Eglise, a tout compté, a tout réglé, et surtout nos *Journées* et jusqu'à nos *Heures... de Chrétien.*

Le *Dimanche* est plutôt le jour dû à Dieu, le *Lundi* à la Trinité, le *Mardi* au Saint-Esprit, le *Mercredi* à Saint-Joseph, le *Jeudi* au Saint-Sacrement, le

Vendredi à Jésus souffrant, le *Samedi* à Marie.

Quoi qu'il en soit, les Psaumes du *Mercredi* en général ont un merveilleux et éclatant rapport avec le Mercredi particulier du Treize juillet 1842.

L'Eglise ne l'eût pas fait mieux dans un *à posteriori* spécial, qu'elle ne l'a fait il y a des siècles *à priori* : car elle a pris, dans toute la *Bible*, l'œuvre principale d'un *Roi*, pour expliquer les devoirs et les malheurs, les vertus et les récompenses d'un *Roi* ; — et elle a pris, çà et là dans les 150 *Psaumes* de David, précisément ceux qui marquent spécialement ses infortunes et celles de sa malheureuse famille !.... la *Chute* d'un prince, *l'abîme, la mort, la mort avant le temps*, la *veuve* et les *orphelins*, la *prière pour les morts*, etc., etc..... Et tout cela en regard des sentiments d'un Roi selon le cœur de Dieu, qui aspire à se trouver en sa présence et qui finit par le posséder.

A *Tierce* « Quand apparaîtrai-je enfin devant Dieu ?..... M'entendrai-je toujours dire : Où est votre Dieu ?.. *L'abîme appelle l'abîme au bruit de vos cataractes*, Seigneur.... Mes os sont brisés : *Confringuntur ossa mea.*—Seigneur, le Roi a demandé que vous lui conserviez la vie.—Par la miséricorde du Très-Haut, le Roi sera inébranlable : *Non commovebitur.* —Vous ferez périr leurs enfants : *Et semen eorum à filiis hominum.*—Bénissons le Seigneur qui m'a arraché à la mort : *Qui redimit de interitu vitam tuam.*—Le jour de l'homme est une herbe sèche, une fleur de champs ; *Sicut fœnum dies ejus, tan-*

quam flos agri.—Le Seigneur fait justice à la postérité de ceux qui lui sont fidèles.—*Et justitia illius
in filios filiorum.* »

A *Nones* : — « J'ai dit : Vous êtes des Dieux...,
mais vous mourrez comme des hommes, et vous tomberez comme un des princes (je ne dis rien de trop);
Levez-vous , Seigneur, et jugez la terre : *Vos autem
sicut homines moriemini, et sicut unus de Principibus
Cadetis. Surge, Deus, judica terram....* —Jusques à
quand les impies seront-ils glorifiés ? *Usquequo pec-
catores gloriabuntur?....* Ils ont humilié le peuple
de Dieu ;.... *Viduam et ...... pupillos occiderunt;* et
ils ont dit : Dieu ne verra : *Non videbit Deus.*—
Adoucissez , Seigneur, à vos enfants les jours mauvais : *Ut mitiges à diebus malis, donec fodiatur pec-
catori fovea.*— Sans Dieu j'étais perdu. Si je disais :
Mon pied a été ébranlé, votre miséricorde, Seigneur,
me soutenait : *Paulominus habitasset in inferno anima
mea. Si dicebam : Motus est pes meus, misericordia
tua, Domine, adjuvabat.* »

A *Vêpres* :—«Ceux qui se fient au Seigneur sont des
montagnes inébranlables qui entourent Jérusalem, et
Dieu est sa Fortification : *Sicut mons, non commovebitur,.... montes in circuitu ejus, et Dominus in circuitu.*—A moins que Dieu lui-même n'ait bâti la maison, celui qui bâtit travaille en vain : *Nisi Dominus
ædificaverit,* etc. SI DIEU NE GARDE LA VILLE,
EN VAIN ON VEILLE AUTOUR : *Nisi Dominus
custodierit civitatem, frustrâ vigilat qui custodit eam.*

—Heureux le fidèle, il ne sera point confondu en parlant à l'ennemi aux portes de la ville : *Cùm loquetur inimicis in portâ !*—Mais après tout, il a crié au Seigneur de l'abîme : *De profundis clamavi ad te, Domine,* et le Seigneur l'a entendu, car il est plein de miséricorde : *Quia apud Dominum misericordia,* etc.—Seigneur, mon cœur n'a point d'orgueil, et je n'ai point marché en char de triomphe : *Neque ambulavi in magnis, neque in mirabilibus super me.* »

A *Complies* enfin :«—Je mets ma confiance dans le Seigneur ;.... j'ai passé sur la montagne comme un passereau... Il pleuvra des embûches sur les pécheurs ; le feu, la tempête sont une partie de leur calice.—Il a dit dans son cœur : Il n'y a point de Dieu, *Non est Deus...* Sa bouche est un sépulcre béant : *Sepulcram patens guttur eorum...* Le malheur est dans ses voies : *Contritio et infelicitas in viis.....* Il tremble, là où il n'y a pas même lieu d'avoir peur : *Illic trepidaverunt timore, ubi non erat timor.*—Le fidèle, au contraire, bénit le Seigneur de l'instruire jusque dans la nuit et dans ses reins, et d'être incessamment à sa droite : *Et usque ad noctem increpuerunt me renes mei. Providebam Domino in conspectu meo semper : quoniam à dextris est mihi, ne commovear.*—Et ma chair s'est reposée en espérance : *Et caro mea requiescet in spe.*—Et vous m'avez fait connaître, Seigneur, les chemins de la vie : *Notas mihi fecisti vias vitæ.* »

Et puis ce mot incroyable : *Sobrii estote.....!!!*

Et par une suite de singularités prodigieuses, l'Office du *Mercredi* comprend précisément les deux *Psaumes* les plus terribles des 150 : le *Treizième* et le *quatre-vingt-Treizième :* le premier, celui de *l'Athée :* *Dixit insipiens : non est Deus ;* — le second, celui du Dieu vengeur : *Deus Ultionum,* etc.

Mais il existe une autre sorte de prophétie du *Treize juillet,* encore plus frappante :.... frappante par elle - même ; — frappante parce qu'elle suit immédiatement, dans l'ordre providentiel des Livres Saints, celle des annonces des *Feux,* de la *Vapeur,* et des grandes circonstances de leur *Explosion* (*).

Le prophète Joël a dit, en toutes lettres, la catastrophe du *Huit Mai* 1842; le prophète Amos fait presque le tableau *Daguerréotype* de celles du *Treize Février* et du *Treize Juillet.*

Et d'abord il annonce l'incendie des *Hambourg* de son temps : *Et mittam Ignem in murum Tyri, et devorabit œdes ejus....* — *Mittam ignem in Themam, et devorabit œdes.* — *Et succendam ignem in muro Rabha ,* etc... *Et ignem mittam in Moab, et devorabit œdes Carioth... Et in Jerusalem, etc., super tribus sceleribus !!!*

Et il annonce les *Enfants* qui en seront les prophètes : *Et suscitavi de filiis vestris in Prophetas ;* et les conversions des *Ratisbonnes* qui en seront le fruit : *Et de juvenibus vestris Nazaræos !!!*

(*) Voyez-les dans la *Théologie des Chemins de Fer,* p. 62 , etc.

Et au verset *Treize* : « Voici que je vais faire sur vous le bruit d'un *Char* : Ecce ego stridebo super vos, *Sicut stridet Plaustrum;* — et le plus habile Ecuyer (*Ascenior Equi*) ne sauvera pas sa vie; — et le plus fort entre les forts s'en ira *nu* en ce jour, dit le Seigneur. »

Puis le *petit* Prophète Amos fait dire (*) au Seigneur, en mêlant les morts du 8 Mai à la mort du 13 Juillet :

2. Je n'ai connu que vous de toutes les nations de la terre; c'est pourquoi je vous punirai de toutes vos iniquités.

5. *Deux hommes* peuvent-ils marcher ensemble, à moins d'être dans quelque union coupable?....

6. La trompette sonnera-t-elle dans la ville sans que le peuple soit dans l'épouvante? *Y arrivera-t-il quelque mal qui ne vienne pas du Seigneur ?*

7. Car le Seigneur Dieu ne fait RIEN sans avoir révélé avant son secret aux prophètes ses serviteurs.

8. Le lion rugit, qui ne craindra point? Le Seigneur Dieu a parlé, *qui ne prophétisera point ?*

9. Faites entendre ceci dans les maisons d'Azot et dans les palais d'Egypte, et dites : Assemblez-vous sur les montagnes de Samarie, et voyez les extravagances sans nombre qui s'y commettent, et de quelle manière on opprime au milieu d'elle les innocents par des calomnies.

10. Ils n'ont su suivre les règles de la justice, dit

____

(*) Traduction de Saci.

le Seigneur ; et ils ont amassé dans leurs maisons un trésor de rapines et d'iniquité.

11. C'est pourquoi voici ce que dit le Seigneur Dieu : La terre sera foulée aux pieds comme le blé.

CHAPITRE IV.

1. Ecoutez ceci, vaches grasses de la montagne de Samarie, qui opprimez les faibles par la violence, qui réduisez les pauvres en poudre, et qui dites à vos Seigneurs : *Apportez, et nous boirons.*

2. Le Seigneur Dieu a juré par son Saint qu'il va venir *un jour malheureux* pour vous, que l'on VOUS ENLÈVERA AVEC DES CROCS (*), et que l'on mettra ce qui restera de votre corps DANS DES CHAUDIÈRES BOUILLANTES.

3. L'on vous fera passer par les brèches, l'une d'un côté et l'autre de l'autre, et l'on vous jettera dans l'Armon. C'est le Seigneur qui l'a dit....

6. C'est pourquoi j'ai fait que dans toutes vos villes vos dents sont devenues faibles et branlantes ; j'ai frappé toutes vos terres d'une stérilité de blé, et, cependant vous n'êtes point revenus à moi, dit le Seigneur.

7. *J'ai empêché la pluie d'arroser vos champs,* lorsqu'il restait encore trois mois jusqu'à la moisson. J'ai fait ou qu'il a plu sur une ville et qu'il n'a point plu sur l'autre, ou qu'il a plu sur un endroit et que

---

(*) La *Presse* du 9 Mai a dit le mot ;... et le fait est vrai à la lettre.

l'autre est demeuré sec, parce que j'ai empêché qu'il n'y plût.

8. Deux ou trois villes sont allées à une autre pour y demander de l'eau à boire, et elles n'ont pu apaiser leur soif; et vous n'êtes point revenus à moi, dit le Seigneur.

9. Je vous ai frappés par un vent brûlant et par la nielle. La chenille a gâté tous vos grands jardins, toutes vos vignes, et tous vos plants d'oliviers et de figuiers; et vous n'êtes point revenus à moi, dit le Seigneur.

10. Je vous ai frappés de plaies mortelles, comme je fis autrefois les Egyptiens : *j'ai frappé par l'Epée vos jeunes hommes, et vos chevaux* ont été la proie.... J'ai fait monter à vos narines la puanteur.... de votre armée; et vous n'êtes point revenus à moi, dit le Seigneur.

11. Je vous ai détruits comme Dieu a détruit Sodome et Gomorrhe; et ceux d'entre vous qui ont été sauvés, l'ont été comme un tison que l'on tire à peine d'un embrasement; et vous n'êtes point revenus à moi, dit le Seigneur.

12. Je vous frapperai donc, ô Israël, de toutes les plaies dont je vous ai menacés; et après que je vous aurai traités de la sorte, *préparez-vous, ô Israël, à aller au-devant de votre Dieu.*

13. Car voici celui qui forme les montagnes et qui crée le vent, *qui annonce sa parole à l'homme....*

CHAPITRE V.

.... 6. Cherchez le Seigneur et vous vivrez, de peur qu'il ne fonde sur la maison de Joseph comme *un feu qui la réduise en cendre*, et qui embrase Bethel, sans que personne puisse l'éteindre.

7. C'est vous qui changez en absinthe les jugements, et qui abandonnez la justice sur la terre.

8. *Cherchez* celui qui a créé l'étoile de l'ourse et l'étoile de l'orion ; qui fait succéder aux ténèbres de la nuit la clarté du matin, et la nuit au jour ; qui appelle les eaux de la mer et les répand sur la face de la terre. Son nom est le Seigneur.

9. *Il renverse les plus Forts comme en souriant;* il expose au pillage les plus puissants.

10. Ils ont haï celui qui les reprenait dans les assemblées publiques, et *ils ont eu en abomination celui qui parlait* dans la droiture et la vérité.

11. Comme donc vous avez pillé le pauvre, et que vous lui avez emporté tout ce qu'il avait de plus précieux, vous n'habiterez point dans ces maisons de pierres de taille que vous avez bâties : vous ne boirez point du vin de ces excellentes vignes que vous avez plantées.

12. Car je connais vos crimes qui sont en grand nombre ; vous êtes forts à faire le mal....

CHAPITRE VIII.

9. En ce jour-là, dit le Seigneur Dieu, le soleil se

couchera en plein midi , et je couvrirai la terre de ténèbres , lorsqu'elle devrait être pleine de lumière.

10. JE CHANGERAI VOS FÊTES EN LAR-MES, et vos chants de joie en plaintes. Je vous réduirai tous à vous revêtir d'un sac, et à vous raser la tête. Je plongerai Israël dans les larmes, comme **UNE MÈRE QUI PLEURE SON FILS UNIQUE**, et la fin ne sera qu'amertume.

11.—Il viendra un temps, dit le Seigneur, que j'enverrai la famine sur la terre, non la famine du pain ni la soif de l'eau, mais de la parole du Seigneur.

Mais c'est le texte qu'il faut lire dans sa beauté de la Vulgate :

......*Si erit malum in civitate quod Dominus non fecerit?* Quia non facit Dominus Deus verbum *nisi revelaverit secretum suum ad servos suos* prophetas. Leo rugiet, quis non timebit ? *Dominus Deus locutus est, quis non prophetabit ?* Auditum facite in ædibus Asôti, et in ædibus terræ Ægypti, et dicite : Congregamini super montes Samariæ, et videte insanias multas in medio ejus, et calumniam patientes in penetralibus ejus. Et nescierunt facere rectum, dicit Dominus : *thesaurisantes iniquitatem et rapinas in ædibus suis.* Propterea hæc dicit Dominus Deus : Tribulabitur *et circuetur terra;* et detrahetur ex te fortitudo tua, et *diripietur ædes tuæ....*

Audite verbum hoc, vaccæ pingues, quæ estis in monte Samariæ : quæ calumniam facitis egenis, et confringitis pauperes; quæ dicitis dominis vestris :

*Afferte et bibemus. Juravit Dominus Deus in Sancto
suo , quia ecce dies venient super vos, et levabunt Vos
in contis, et reliquias vestras in ostis ferventibus. Et*
per aperturas exhibitis altera contra alteram, et pro-
jiciemini in Armon, dicit Dominus....

Misi in vos mortem in via Ægypti, *percussi in
gladio juvenes vestros , usque ad captivitatem equo-
rum vestrorum :* et ascendere feci putredinem cas-
trorum vestrorum in nares vestras : et non redistis
ad me, dicit Dominus.

Subverti vos, sicut subvertit Deus Sodomam et
Gomorrham, et *Facti estis quasi torris raptus ab in-
cendio :* et non redistis ad me, dicit Dominus. Qua-
propter hæc faciam tibi, Israel, postquam autem hæc
factam fecero tibi , preparare in occursum Dei tui,
Israël. Quia ecce formans montes, et creans ventum,
et *annuntians homini eloquium suum.....*

Ne dirait-on pas que le *Prophète,* qu'on peut appeler des *Deuils royaux,* exprime et peigne *à la
Daguerréotype,* dans le chapitre suivant, jusqu'à la
démolition de la *petite maison* de l'épicier?

Quia ecce Dominus mandavit, et percutiet domum malorum ruinis, et domum *minorem* scissio-
nibus. Nunquid currere queunt in petris equi, aut
arari potest in bubalis, quoniam convertistis in ama-
ritudinem judicium, et fructum justitiæ in absyn-
thium? Qui lætamini in nihil : qui dicitis : Nunquid
non in fortitudine nostra assumpsimus nobis cor-
nua? Ecce enim suscitabo super vos domus Israël,
dicit Dominus Deus exercituum, gentem : et conte-

rent vos ab introitu Emath usque ad torrentem deserti.

Le Prophète Amos met Dieu lui-même à la muraille, l'instrument triangulaire à la main : Et ecce Dominus *stans super murum* litum, et in manu ejus trulla cæmentarii.

Les Courtisans de Bethel, la *Lutèce* du temps, disent à Amos d'aller prohétiser ailleurs que devant le Roi : Et dixit Amasias ad Amos, qui vides, gradere, fuge in terram Juda : et comede ibi panem, et prophetabis ibi. *Et in Bethel non adjicies ultrà* ut prophetes : quia sanctificatio regis est, et domus regni est.

Et Amos annonce alors jusqu'à l'*Eclipse du Soleil de Juillet à MIDI!*—Et il proclame ees paroles sublimes, que 4000 ans plus tard l'Archevêque de Paris appliqua si éloquemment à la tombe du Duc de Berry :

Et erit in die illâ, Dicit Dominus Deus : *Occidit sol in Meridie,* et tenebrescere faciam terram in die luminis :

Et convertam Festivitates vestras in luctum et omnia cantica vestra in planctum : et inducam super omne dorsum vestrum saccum, et super omne caput calvitium : et *ponam eam quasi luctum Unigeniti, et novissima ejus quasi diem amarum.*

Leçon enfin pour les derniers *Esprits forts* du siècle,... lesquels ne nient la Providence, comme ils nièrent jadis le Roi, que *parce qu'ils en ont peur* (*).

(*) C'est un beau mot de madame Necker, recueilli par Barère.

En somme, et cela est concluant pour qui se connaît en conclusions, il y a quatre grandes plaies morales en France depuis *treize*, et même depuis vingt-

---

Il faut répéter ces belles paroles de *la France* : « Il y a folie aux partis à se confier dans leur force, à s'écrier, encore tout étourdis du coup divin qui les a blessés : *Nous sommes maîtres de nous* (Débats) ; *les peuples ne dépendent que d'eux-mêmes* (Courrier) ; *nous ne reconnaissons pas de droit divin.* Comme si, depuis plus d'un siècle, en frappant tour à tour les têtes les plus chères, le doigt de Dieu n'écrivait pas en traits lugubres :

« C'EST PAR MOI QUE RÈGNENT LES ROIS ; C'EST PAR MOI QUE LES LÉGISLATEURS DÉCRÈTENT DE JUSTES LOIS.

« Je t'ai affligée, je t'ai éprouvée, et quand tu as été au comble du malheur, j'ai eu pitié de toi, disait le Dieu de Jérusalem à Jérusalem ; ne dis point dans ton cœur : *Ma puissance est à moi*, et je me suis sauvée par la force de mon bras ; mais souviens-toi du Seigneur ton Dieu qui t'a fortifiée, pour que tu sois fidèle au pacte qu'il a juré avec tes pères. Mais, si tu oublies le Seigneur ton Dieu, voici qu'aujourd'hui je t'en fais la prédiction : tu seras entièrement détruite. » (EXODE, VIII, 17)

Aussi voyez comme l'Opposition rentre dans son lit, et jusqu'à l'émotion, la stupéfaction la plus sincère du grand moteur de la révolution de juillet !

On écrit de Paris au *Courrier de la Gironde* :

« Paris, le 16 juillet 1842.

« Nous avons déjà dit que M. Laffitte avait été un des premiers personnages politiques qui s'étaient rendus auprès

cinq années :—le *Théâtre* (*), pire que la Presse, dont il est le résumé et l'immoralité en action ;—l'amour sacrilége de l'or (*Auri sacra fames*) : d'où sont résultés la supériorité des métiers enrichissants, de la banque, du commerce, de l'industrialisme, sur les professions les plus sacrées, et le goût, le besoin universel de la sortie de la maison, de son pays, du lieu où la Providence a fait naître : « Tout le mal actuel vient de ce que *Personne* ne veut être à sa place ! » a répondu cette année le roi à M. Barthe, qui est si loin de *sa place* ; — Et la manie, disons-le, la folie des chemins de fer, etc., et celle des fortifications de pierre ;

---

du roi, après la mort du prince royal. L'entrevue de Sa Majesté et de l'ancien président du cabinet du 17 octobre 1830, devenu l'un des chefs de l'opposition, a été touchante. M. Laffitte s'est jeté aux genoux du roi et lui a baisé les mains en pleurant. Le roi l'a relevé aussitôt et l'a fait entrer dans son cabinet, où il est resté pendant près d'une heure avec lui.

« M. Laffitte, en sortant du cabinet de Sa Majesté, était tellement ému qu'il pouvait à peine se soutenir. Louis-Philippe a prié un de ses aides-de-camp de le reconduire jusqu'à son hôtel. »

Comme il dut se rappeler et sentir vrai son ancien beau *Pardon à Dieu et aux hommes* d'avoir fait une révolution, sans laquelle assurément la terrible chute du 13 entre autres n'eût pas eu lieu !

(*) Ce n'est pas la première fois que le sang Chrétien a coulé dans ces spectacles que l'Église appelle le *petit paganisme, dans ces jours gras consacrés au vieillard portant la faux : Unctis falciferi senis diebus.* **MARTIAL.**

—l'Oubli, par conséquent, de la Religion en général, et du *Dimanche*, qui en est le plus grand signe.

Et il se trouve précisément que la Providence ou la fatalité, *quelque Chose* enfin, ou *Rien*, a envoyé à ces quatre fléaux moraux, quatre fléaux physiques, et tous les quatre sous la forme de *Miracles* :

I. L'ASSASSINAT DU DUC DE BERRY un *Dimanche*, et en RENTRANT A L'OPÉRA,... LORSQUE SA FEMME EN SORTAIT;

II. La *Mort subite* du plus riche et du plus habile ministre des finances du règne où les finances sont tout le ministère; et la mort subite à son bureau, la plume à la main, annotant une loi sur les *Routes*... qui allaient être si terribles si près de lui...;—la mort égale, le lendemain, du plus riche banquier après les Rotschild (en allant prendre possession du ministère des finances délabrées d'Espagne);—et l'incendie et les cendres de la ville de Hambourg, la première *Bourse* judaïque après celle de Londres.

III. La *Catastrophe* du 8 Mai, s'érigeant en *petit enfer* sur une zone des fortifications de Paris, et *tombant comme une bombe* (on peut le dire) au milieu de la Chambre des Députés de toute la France, discutant la *Loi des chemins de Fer*, appelée à faire sortir tous les départements de chez eux, et prenant en général pour holocauste, de préférence, le premier Français qui venait de faire, le plus heureusement du monde, le tour du monde, les étrangers de tous les lieux, et les Parisiens oublieux de la loi fondamentale

du Dimanche qui commande de rester chez soi,...
si la Charité exclusivement n'appelle ailleurs ;

IV. Et le FEU (qui de sa nature *éclaire*), le feu du
8 Mai,... le PAVÉ du *Treize juillet,* qui brise la tête
sacrée d'un *roi,* sur la plus belle route, du plus beau
lieu, des seconds *Champs-Elysées,* au *Lieu même* où
deux années avant, en 1840, le Dimanche (*), le roi,

(*) Et c'est le *Commerce* qui nous l'apprend en 1840 :

« Plusieurs ateliers de bûcherons ont été organisés hier
matin dans le bois de Boulogne et dans le parc royal de
Neuilly, pour dégager le terrain où des terrassements doivent avoir lieu. Des soldats du génie dirigent ces travaux.

« Les fortifications dans le parc de Neuilly consistent :
1° en *une Redoute* construite à la pointe *du parc aboutissant
à la Route de la Révolte,* non loin de la Porte-Maillot ; on
coupe déjà le bois ; 2° en un fort assez considérable à la pointe
inférieure de l'ile, du côté d'Asnières, pour commander le
fleuve. *Louis-Philippe a planté lui-même, Dimanche dernier,*
les premiers jalons du tracé.

« A Auteuil, sur l'éminence qui domine le parc du château de la *Tuilerie,* occupé par M. Thiers, on va construire
une redoute qui sera liée aux travaux de Neuilly par un
rempart bastionné traversant le bois de Boulogne.

« Lundi, il y a eu à Clichy une réunion d'entrepreneurs
de travaux pour l'établissement d'un camp baraqué destiné
à loger 15,000 hommes.

« L'immense remblai établi depuis les Batignolles jusqu'à
la côte d'Asnières, pour le passage du chemin de fer de
Paris à Saint-Germain, va être utilisé par le génie ; c'est un
retranchement tout fait.

sans y penser, avait planté les premiers jalons du tracé de son premier Fort détaché, sur la *Route* que

---

« A la Hute-au-Garde de Montmartre, on poursuit la route de grande communication.

« Enfin, à Saint-Denis, à Pantin, à Noisy, à Fontenay, à Rosny, à Nogent, à Charenton, on fait des dispositions de campement. Tous ces préparatifs dureront environ quinze jours. En attendant, la banlieue regorge de troupes logées chez les habitants. »

Ce qui fit dire le lendemain à un autre journal :

« Il n'est pas une circonstance qui ne révèle au pays dans quel intérêt se prennent les mesures *révolutionnaires* qui signalent, depuis six mois, la marche du ministère du 1er mars.

« Un journal nous apprend que la construction des fortifications de Paris a commencé à l'extrémité du parc de Neuilly, par une redoute *aboutissant à la route de la Révolte*, et qu'à Auteuil, sur l'éminence qui domine le château de la Tuilerie, occupé par M. Thiers, on va construire une redoute *liée aux travaux de Neuilly* par un rempart bastionné.

« Cela ressemble beaucoup à une société d'assurance mutuelle.

« Neuilly et la Tuilerie, voilà, en effet, dans ce moment, l'expression la plus vraie de la politique intérieure et extérieure. M. Thiers peut se dire :

Rome n'est plus dans Rome, elle est toute où je suis.

Un dernier fait de fort détaché coïncide même avec l'accident du prince ; il est aussi rapporté par le *Commerce* :

« Sur l'un des bas côtés de la route de Neuilly est une

son innocent gouvernement lui-même avait nommée ou laissé nommer : *de la Révolte*,... et *peinte* à ses quatre coins (Allez et lisez, à la porte du Parc de Neuilly !) :

---

ornière très-profonde creusée par les charrettes qui transportent les matériaux pour les fortifications de Paris. On assure que c'est la secousse imprimée à la calèche par cette excavation qui a effrayé les chevaux et les a fait s'emporter. Plusieurs personnes, dit-on, ont fait cette remarque.

« La maison où monseigneur le duc d'Orléans a rendu le dernier soupir est restée *fermée aujourd'hui*. On assurait que la volonté du roi était de désintéresser Lecordier, qui y tenait un détail d'épiceries et de boissons, pour que la boutique ne se rouvrît pas. Cette maison, ainsi que celles qui l'avoisinent, se trouve *dans la zone des fortifications*. Le mur d'enceinte doit passer dans les jardins qui sont en arrière des habitations.

« Les journaux ministériels de province donnent, sous la date du 14 juillet, des détails de la mort de monseigneur le duc d'Orléans. Ils répètent tous qu'il est tombé sur les pavés du chemin de la Révolte; qu'il a été transporté chez un épicier, et que ses chevaux ont été effrayés par des amas de pierres préparées pour les fortifications.

« Vers quatre heures, dit le *Mémorial Bordelais*, après des alternatives d'espoir et d'horribles angoisses, un cri douloureux, parti de la bouche de Marie-Amélie, a annoncé au roi qu'il avait perdu son fils, à la France que l'héritier de la couronne venait de transmettre ses droits à un faible enfant de quatre ans. Une civière a été improvisée; les restes inanimés de l'héritier de la couronne, placés sur un brancard, ont été transportés à Neuilly par quatre sous-officiers. La famille royale et les ministres ont suivi à pied ce cortége. »

Et parce que l'esprit républicain est au fond des quatre plaies de la France et même du monde :

Les deux épouvantables catastrophes des Républiques américaines de Saint-Domingue et de Buénos-Ayres (9), correspondantes, l'une, mois pour mois, jour pour jour, à la catastrophe de Paris et à la ruine de Hambourg !

Comme il y avait quatre grandes *Plaies* à panser en France, et qu'il y a eu pansement, il y avait deux grandes *Questions* à poser, deux grands *Problèmes* de présent et d'avenir à résoudre :

Celui de la souveraineté politique, et celui de la souveraineté religieuse ;

Et voilà précisément que la Providence a pris le soin, et s'est, on peut le dire, complue de mettre en émoi les Peuples qui sont à la recherche de la solution des deux problèmes.

Il est un rapprochement plus énergique encore ; on demande dans plusieurs journaux :

« N'est-ce pas le 13 juillet 1789 que Philippe-Égalité, l'aïeul du prince qui vient de périr si tristement, à fait sonner le tocsin dans tout Paris et les environs pour faire couper tous les blés ? N'est-ce pas ce même jour, 13 juillet, qu'il a donné rendez-vous à la *Porte-Maillot* à toute une vile populace soudoyée par lui pour donner le signal de la révolte contre l'infortuné Louis XVI ? Et c'est au même endroit que le duc d'Orléans, son petit-fils, a trouvé la mort, le même mois et le même jour ! »

(9) *Voy.* cette Note à la fin.

I. Et d'abord le premier (10) :

Les deux *Prétendants* (c'est un *fait*, et non un *droit*, Dieu m'en garde! que je pose), n'ont certes jamais été, depuis dix et même vingt années, Charles X ou le duc d'Orléans, Louis-Antoine ou le *Roi des Français*, mais bien, et exclusivement, d'abord le duc de Berry et le duc d'Orléans, et depuis, le duc de Bordeaux et le duc de Chartres, Henri V ou Ferdinand Ier possibles : car les deux couples paternels et filiaux étaient tous deux jeunes, tous deux forts, tous deux riches de présent et surtout d'avenir, et comme égaux depuis quelques années en âge, et je le dirai, moi, en instruction variée, en amabilité, en affection populaire ; tous les deux en amours reçus ou portés de famille.

De côté et d'autre, il y avait, il y eut, dès le principe, royauté sur la terre.

On dirait qu'il y avait dans le Ciel les mêmes vues et les mêmes affections :

Voyez, en effet, comme le Ciel aussi fait aller de front les deux grandes épreuves de leurs branches, ou plutôt (laissez-moi les identifier désormais) de leur tige unique!

Les deux anciens cousins s'alliant à la même famille royale de Naples et des Deux-Siciles ; et tous les deux pères de famille heureux. — Le premier, plus aimé de Dieu que des hommes, frappé à mort sous le poignard d'un *Louvel*, qui dit solennellement dans

______

(10) *Voy.* cette Note à la fin.

son procès que *Dieu n'était qu'un mot,* frappé à côté de sa femme..., et mourant en la présence de ses deux cousins (11) et à leur profit politique manifeste.—Le second, élevé jusqu'au trône du premier, et l'occupant au milieu et à la faveur d'une suite incessante de Providences,... jusqu'au *Treize* juillet 1842 *inclusivement.* — Le duc de Bordeaux, auquel Dieu ôte, en 1820, son père, âgé de *quarante-deux ans.*—Le *duc d'Orléans* de 1820, auquel Dieu ôte son fils *vingt-deux années après;*—Le duc de Berry nommé *Charles-Ferdinand,* et *nommant* le duc de Chartres, etc.

Les deux nouveaux cousins marqués, on peut le dire, encore mieux au cachet de la concurrence et de l'opposition. — Tous deux nés dans le même mois de *Septembre.* — Celui de la branche aînée échappé au glaive qui pensait le frapper en frappant son père, et venu au monde *le plus grand Jour de l'Année* ecclésiastique et même *française,* pour parler comme Bossuet : le jour de *Saint-Michel;* — Celui de la branche cadette, mort dans le mois le plus fatal aux Bourbons : *Juillet;* — et le plus fâcheux jour de ce mois dans *le préjugé* populaire, le *Treize,* celui-là précisément où avait péri le père de son rival. — Le Bourbon de la branche aînée échappé par deux miracles, l'un de la nature et l'autre de l'art, à la Mort, d'une chute, cent fois mortelle, de cheval; — Celui de la branche cadette, échappé, par vingt miracles, à la Vie dont il était plein, à midi, le 13 *Juillet;*

(11) *Voy.* cette Note à la fin.

—L'un, failli tué et relevé le jour même si fatal en 1830 à sa famille : le **27** *juillet* **1840**;—L'autre, mort net dans le même mois de *juillet* deux années après. — Le duc de Bordeaux, par une suite de bonheurs, remontant à cheval dans le parc de sa mère, à Brundsée, précisément le lendemain de la chute de son infortuné cousin aux portes du parc de son père plus infortuné que lui : — ce qui pourra lui rappeler le vers que nous lui avons appliqué déjà :

>....*Heu! fuge crudeles terras! fuge littus avarum!*

Le premier (**12**), *remontant à cheval* (**13**) la veille de sa fête ecclésiastique la *Saint-Henri;* le second, tombé la veille de sa fête funéraire de trois jours, dont on persiste à vouloir faire une fête amusante!

Enfin, les deux dernières grandes victimes de la royauté, le duc de Berry et le duc d'Orléans, tombant toutes deux de la façon la plus tragique du monde, le lendemain, au milieu, à la veille des révolutions; mais l'une frappée de main d'homme, la nuit, au centre de Paris, dans la magnifique rue *Richelieu*, au milieu des courtisans, au lieu de la réunion du plus grand monde;—où vinrent le relever, lui dire, et lui entendre dire de généreuses et héroïques pensées, tous les princes, toutes les princesses, tous les grands du royaume;— secouru immédiatement par le grand Dupuytren;—mourant dans les Tuileries, entre les bras de sa femme, de son père, de son frère, de sa sœur, de son aumônier, et transporté dans le Saint-

____

(12, 13) *Voy.* à la fin.

Denis de Louis XIV. — « Le duc de Berry, dit M. de Chateaubriand, devait périr comme Henri IV, dans une fête. »

La seconde, *seule* dans sa voiture, frappée en plein midi, entre les *Portes* de fer des Tuileries et celles de Neuilly,... entre la maison d'un riche Anglais et la porte d'un pauvre épicier,... entre un *paveur* et un *fumiste*,... deux *ouvriers* et deux *gendarmes*...

Le premier des Bourbons s'en allant vivant du château royal de Rambouillet à Cherbourg (*); le second conduisant son fils mort de Notre-Dame de Paris à Dreux, précisément le même jour *trois Août !*

L'un seul (**) susceptible d'une *Oraison funèbre* sublime...

____

(*) Dernière coïncidence entre Cherbourg et le malheur, rapportée par le *Constitutionnel* : « Un horrible accident est arrivé à Cherbourg, le 25 juillet, pendant qu'on tirait le canon de deuil à l'occasion du service funèbre célébré pour le duc d'Orléans. Des canonniers de la 10ᵉ compagnie de vétérans chargeaient un canon de 36 au fort du Hommet. La pièce venait de tirer; mais le pointeur n'avait pas bien bouché la lumière, et, dès lors, le culot de gargousse enflammé qui était resté au fond de l'âme n'avait point été étouffé en écouvillonnant. La charge fut introduite. Au moment où l'on allait porter à la gargousse le second coup de refouloir, le canon partit, et les nommés Legrand et Clément, premiers servants, qui tenaient la hampe du refouloir, ont eu l'un le poignet droit et l'autre le poignet gauche emportés. En outre, ce dernier a eu les côtes enfoncées et la hanche affreusement blessée; il est mort le 27. »

(**) *Le Globe* a déploré cette fatalité,..... oubliant, ne

Le premier, frappé en Roi (14), et mort en Christ (15);

Le second, en sujet !... (16).

Dites, à présent, messieurs Dupin, que les deux branches de la maison de Bourbon ne sont point *solidaires !* et que leur contraste lui-même n'est pas la preuve et le fait même de cette solidarité !

Pour moi, je les admire, je les aime d'un amour égal, et je ne sais même si, ayant à opter autrement que la Providence, je ne donnerais pas aujourd'hui même, aujourd'hui surtout, la préférence à la plus malheureuse : celle qui a *le Malheur d'être Roi*, comme dit Louis XVI dans son Testament, et qui, frappée au cœur, ne l'est point à la tête, et sait tour à tour assister à l'agonie la plus effrayante et veiller au salut de l'empire (17).

C'est donner plus d'un sens et réaliser supérieurement la Maxime antique et française : « *Le Roi est mort, vive le Roi !* »

Je ne m'étonne plus que l'Église Romaine elle-même ait appelé Louis-Philippe dans la Bulle d'érection du siége de Cambrai : « son *Très-cher fils le Roi Très-Chrétien, le Grand Roi.* »

---

sachant, ou n'osant dire que nul Évêque de Sénez (*) n'était là pour *dire la vérité aux* peuples-*rois* de nos jours, *sans être confondu.*

(*) *Voy.* la belle *Vie de Monseigneur de Beauvais*, par l'abbé de Sambucy, et le *Prêtre devant le Siècle.*

(14, 15, 16 et 17) *Voy.* à la fin.

II. Le second *Problème,* celui de la Religion véritable n'est pas moins bien résolu dans la journée du 13 *Juillet.*

Le duc d'Orléans avait eu le malheur, nous ne dirons pas de donner, mais de paraître donner, par son alliance, un ôtage à la Réforme, que Voltaire lui-même considère comme « l'Ennemie née de la France et de l'ordre public », dans le *Siècle de Louis XIV.* — Et voilà précisément que son auguste épouse est précisément la seule à se trouver loin du lieu de sa catastrophe terrible; — et lorsque la nouvelle lui en arrive, et qu'elle se trouve en présence de son cercueil,... elle le trouve scellé... à jamais (18). — Et elle s'est condamnée elle-même à ne pouvoir, à moins d'inconséquence, lui donner *une Prière!* --« *Ah! puisse-t-elle comprendre,* s'écrie l'éloquent vicomte de Maumigny dans *la France* du 22 Juillet, qu'un culte sans entrailles pour des morts qui nous sont si chers, n'est pas le culte d'un Dieu tout amour : *Deus Charitas est!* Et vous, Fils de saint Louis, dites si, comme naguère à la tribune, vous vous applaudissiez de cette liberté des cultes que vous invoquiez alors ; dites si la Prière d'une épouse, en se mêlant à ses larmes, les rendraient moins douces à votre cœur! »

« *Ah! puisse-t-elle comprendre* »... :

Elle a, nous ne craignons pas de le dire,.... elle avait *compris* déjà; et l'éloquent Evêque de Montpellier ne lui avait pas dit en vain, au mois de la nais-

---

(18) *Voy.* à la fin.

sance de son époux, ces belles paroles que nous avons publiées dans le *Prêtre devant le Siècle*, comme une Prophétie : « Puissent les Prières que répandent aujourd'hui de bons Catholiques dans ce temple, qu'ils doivent en partie aux dons de votre munificence, unies à celles que nous répandons nous-mêmes chaque jour en présence de Dieu, obtenir pour le roi, votre auguste père, ces grâces que l'*Auteur* et le *Consommateur de notre Foi* accorde seul aux rois de la terre, et que nous implorons avec ferveur sur sa royale famille, sur Votre Altesse Royale en particulier, Madame, pour laquelle, nous aussi, nous osons former ce vœu de *vrai* et *solide* bonheur qui s'échapperait de notre conscience d'Evêque catholique, s'il était possible que notre cœur oubliât en ce moment de nous le dicter, et que le Ciel (nous en avons la douce confiance) exaucera dans *un* de ces moments qui sont en sa puissance, ET DONT LUI SEUL A LE SECRET. »

...... Quoi qu'il en soit, l'humble cadette de la petite principauté luthérienne de Mecklembourg, qui allait se trouver *Reine de la France*,... la Fille aînée de l'Église,... n'est plus désormais qu'une veuve à jamais désolée,... jusqu'au jour, qui arrivera, où elle se fera Catholique : car la Religion catholique seule, *exclusivement*, est la religion de la consolation (*) et même de la joie en Dieu dans la plus terrible mort.

____

(*) Nous ne voudrions, pour décider la conversion de la Filleule de la Mère de Constantin-le-Grand, premier Empereur catholique, que la Lettre suivante écrite par un *ministre* de Bordeaux à l'*Indicateur* :

« Bordeaux , le 21 juillet 1842.

« Monsieur,

« Votre numéro d'aujourd'hui jeudi annonce que les ministres protestants de Paris ont *prié*, dimanche, *pour* feu M. le duc d'Orléans. C'est là une méprise de votre correspondant, qui n'aura pas compris la différence que *nous* faisons entre un culte d'humiliation et de deuil public, *à l'occasion* de la mort du prince royal, et une prière pour le repos de son âme. Nous prions pour les vivants, à l'occasion des morts, mais *non* pour ces derniers , auxquels nous croyons être *d'une entière inutilité.* Nous n'avons donc pas prié *pour* M. le duc d'Orléans ; nous avons prié, *à l'occasion* de sa mort, pour le roi, la reine, toute la famille royale, demandant à Dieu de leur envoyer une *réelle* consolation ; nous avons prié spécialement pour S. A. R. la duchesse d'Orléans , qui a des *titres spéciaux* à *notre* sympathie comme *notre sœur* en la foi ; nous avons prié pour la France, notre chère patrie, demandant à Dieu d'y affermir la paix et la piété, en faisant comprendre à la nation tout entière que c'est lui, *l'Éternel, qui est le maître de notre vie :* enfin, nous avons prié pour nous-mêmes, demandant à Dieu de nous préparer, par une sainte vigilance, à la rencontre de l'éternité, que le spectacle d'une mort aussi prématurée que subite, nous fait envisager avec un sérieux retour sur nous-mêmes.

« Vous êtes trop ami de la vérité, Monsieur le rédacteur, pour ne pas rectifier cette *petite* erreur de fait, qui représente mal ce que nous pratiquons.

« Agréez, etc.

« ALPHONSE LA HARPE, *ministre protestant.* »

NOTES HISTORIQUES RENVOYÉES.

NOTE (1).

C'est *le Siècle* qui a rendu le compte, et porté tout de suite le jugement le plus exact de l'événement :

« Aux récits des journaux du soir, nous pouvons ajouter les détails suivants, que nous avons *recueillis sur les lieux mêmes où* le fatal événement est arrivé.

« M. le duc d'Orléans était dans une calèche découverte, attelée à la Daumont de *deux chevaux* seulement et conduite par un postillon. S. A. R. était ordinairement accompagnée d'un aide-de-camp ou d'un officier d'ordonnance; elle était *seule* aujourd'hui dans sa voiture.

« Le prince se rendait à Neuilly, *ne sachant pas que* le roi dût lui-même venir à Paris à midi pour présider le conseil des ministres. Il comptait revenir à Paris et se mettre de là en route dans la soirée. Ses fourgons étaient prêts et *l'attendaient dans la cour des Tuileries.*

« Les chevaux se sont emportés sur la grande route de Neuilly, à peu de distance du rond-point de la porte Maillot. La route qui vient de Paris a, en cet endroit, trois issues : en face, la continuation; à droite et pendiculairement à cette route, le chemin de la Révolte; entre les deux, un chemin plus étroit qui conduit directement au château de Neuilly et que la voiture devait prendre. Le postillon n'était plus maître des chevaux ; *au lieu de prendre le chemin du château, les chevaux, tournant à angle droit, se précipitèrent au galop avec une effroyable vitesse dans le chemin de la Révolte.*

« Le prince, qui s'était déjà aperçu que les chevaux avaient pris le mors aux dents, les voyant quitter la route qu'ils devaient suivre, commença à s'inquiéter. Quelques personnes, remarquant l'extrême rapidité des chevaux et l'embarras du postillon, fixèrent leur attention sur la voiture et virent alors le prince se lever debout dans la calèche, regarder avec soin en avant, et, ne reconnaissant aucune cause d'embarras, se rasseoir tranquillement. A cent cinquante pas environ plus loin, S. A. R. se leva de nouveau et remarqua alors que le valet de pied, qui devait être assis sur le siége de derrière n'y était plus, soit que prévoyant un grand danger, il fût descendu plutôt à l'aide du marchepied, soit qu'il eût été renversé par quelque cahot de la voiture, lancée à fond de train. C'est alors que le prince se décida et se précipita par-dessus la portière de gauche, à deux cent cinquante pas de l'entrée du chemin de la Révolte, et à peu de distance de *l'entrée du haras de lord Seymour.*

« Quelle que soit la cause qui eût arrêté son élan et gêné son mouvement, le prince tomba, *la tête la première, sur le pavé de la route. Un ouvrier se précipita le premier pour le relever,* il le tenait déjà soulevé dans ses bras, lorsque *deux gendarmes,* qui avaient sans doute remarqué le danger, vinrent l'enlever et le transportèrent dans la maison la plus voisine, une boutique d'épicier tout en face de la porte des écuries de lord Seymour.

« Nous avons parlé, sur les lieux, à l'ouvrier qui a le premier porté secours au prince; S. A. R. avait complétement perdu connaissance ; on ne voyait qu'une contusion à la tempe gauche et quelques blessures aux jambes. Mais le sang coulait par le nez, par la bouche et *même par les yeux.*

« Le premier médecin qui fut appelé, M. Duval, directeur de l'établissement orthopédique près la porte Maillot,
reconnut aussitôt que le crâne était fracassé, et ne cacha
pas qu'il ne conservait aucun espoir. Le roi, la reine, la famille royale et tous les ministres étaient arrivés. On avait
également pu réunir, avec une inconcevable promptitude,
plusieurs des médecins et chirurgiens attachés à la famille royale ou pris parmi les principales célébrités de Paris.
Le prince fut saigné, des sangsues furent appliquées. On
ne put obtenir de sang ni par l'un ni par l'autre moyen;
on ne put même lui faire reprendre un seul instant connaissance. Les seules paroles qu'il put prononcer furent
pour dire en allemand : « *Fermez la porte, il y a là du
feu.* » On suppose que S. A. R. croyait s'adresser à un
valet de pied allemand qui l'accompagnait ordinairement.

« Cependant, l'état du prince devenait d'instant en instant plus inquiétant. Une foule immense s'était transportée sur les lieux de l'événement. La route était couverte de
voitures. Un escadron de cavalerie appelé à la hâte entourait la maison. C'était un spectacle grave et lugubre que
celui de cette royale famille en pleurs, auprès du prince
mourant dans *une misérable échoppe ayant à peine assez
de place pour contenir les augustes parents du blessé.* La
reine, entraînée au-dehors, demandait, en sanglotant, de
ses nouvelles : on ne pouvait parvenir à calmer sa douleur.
A quatre heures moins un quart, le roi sortit et annonça
le premier à la foule consternée la mort de son fils.

« Un instant après on transportait au château de Neuilly
le corps du prince, suivi de ses parents, des ministres, de
tous ceux qui avaient assisté à ses derniers moments. La
troupe suivit le convoi funèbre, et l'on ne voyait plus sur la
route, au lieu même où ce lamentable événement s'était

accompli, que *quelques ouvriers attroupés devant la boutique* où le prince avait rendu le dernier soupir, et des habitants des maisons voisines qui, sur le seuil de leur porte, en racontaient les détails avec une profonde émotion. »

Puis *la Gazette des Tribunaux* :

« Arrivé à la hauteur de la barrière de l'Étoile, le prince, qui était seul dans sa voiture, sur le siége de derrière de laquelle était un domestique, remarqua que l'un des chevaux paraissait se tourmenter; il avertit le postillon, qui d'abord retint le cheval, mais bientôt n'en fut plus maître. Le *second* cheval, le porteur, *excité par les allures vives et impatientes* du cheval sous la main, commença aussi à s'animer, et au moment où l'équipage parvint au tournant du chemin de la Révolte et de l'avenue de Neuilly, en face de la porte Maillot, le postillon dut employer toutes ses forces pour contenir l'attelage. « Vos chevaux s'emportent ! cria le duc d'Orléans; et comme le postillon se consumait en efforts inutiles pour les retenir, le prince royal *renouvela deux fois* cet avis en se penchant hors de la voiture.

« Cependant le danger devenait de plus en plus imminent, et les chevaux lancés à toute volée menaçaient de précipiter la voiture dans le fossé qui fait face à l'extrémité du chemin de la Révolte. Le prince alors, confiant en son agilité et en son sang-froid, ouvrit la portière et sauta hors de la voiture que les chevaux continuèrent d'emporter.

« La réaction de cette chute en dehors d'une voiture lancée avec la plus grande force d'impulsion fut terrible : le prince, tombé d'abord tout droit sur ses pieds, resta un moment immobile, comme étourdi par la violence de la secousse, et retomba immédiatement en avant. Le malheureux prince était mortellement blessé. La colonne vertébrale avait été brisée au moment où, s'élançant de la voiture, il avait touché le sol, *et en retombant sur les cailloux dont la route est ferrée en cet endroit*, il avait reçu *deux* autres blessures, l'une à la tempe gauche, qui fut brisée, l'autre à la partie droite du menton, où se fit une profonde déchirure.

« M. le duc d'Aumale, prévenu en hâte, partit de Courbevoie pour Neuilly ; mais dans ce court trajet *il faillit être aussi victime d'un accident de même nature : le cheval de son cabriolet s'emporta, et sans la présence d'esprit d'un domestique qui, placé derrière, put descendre et s'élancer à la tête du cheval, peut-être eût-il été lui-même blessé grièvement.*

« Vers deux heures, bien que l'état du prince royal n'eût pas cessé un moment d'être alarmant, on put concevoir quelque espérance. Il parut reprendre ses sens, et prononça deux ou trois mots en allemand ; mais le faible espoir qu'on avait conçu dut bientôt cesser : c'étaient les dernières paroles du prince. »

Et la *Gazette des Hôpitaux* :

AUTOPSIE DU DUC D'ORLÉANS.

« On nous communique les détails suivants auxquels on peut ajouter la plus entière confiance. On verra que le prince est mort d'un *écrasement* de la tête. Dupuytren appelait ainsi, dans ses leçons cliniques, les lésions physiques les plus graves et les plus compliquées.

« En effet, cette lésion comprend la contusion, la déchirure, la rupture, la fracture. On peut ajouter ici la luxation, c'est-à-dire l'écartement des sutures. Le prince a donc offert toutes les lésions physiques possibles de la tête.

« Ces écrasements sans division de la peau sont ordinairement produits par le choc d'une poutre, d'une grosse pierre, par le passage sur la tête d'une roue de voiture très-lourdement chargée, des trains et des caissons d'artillerie, par la chute des chevaux sur leurs cavaliers, et surtout par les boulets de canon qui frappent obliquement la tête. Les chutes produisent aussi de pareils désordres quand elles sont faites d'un lieu très-élevé et qu'elles portent d'abord sur la tête. Or, la voiture du prince était très-basse ; il a donc fallu qu'une très-énergique impulsion lui ait été imprimée, car le poids seul du corps tombant de cette hauteur ne peut donner la raison de tant de fractures, d'un si complet écrasement.

« Il faut même que les deux forces aient été dirigées de manière à faire supporter à la tête la presque totalité du choc ; ou bien il faudrait supposer une fragilité extrême des os, comme celle qui a été offerte par le crâne du malheureux Bennati.

OUVERTURE DU CORPS, 40 HEURES APRÈS LA MORT.

« *Aspect extérieur.* — Commencement de putréfaction, surtout sur la région abdominale et à la partie postérieure du tronc.—Rigidité cadavérique des membres.—Traces de contusion sur la joue droite, sur le sourcil du même côté et sur le côté droit du front.— Tumeur sanguine à large base sur la partie postérieure et droite du crâne.—Traces de contusion à la partie antérieure des genoux, à la main gauche, à la région trochantérienne gauche.—Marques des nombreuses sangsues qui ont été appliquées derrière les oreilles.—Piqûre de la veine médiane céphalique droite, résultat de la saignée.—Marques nombreuses de ventouses scarifiées sur le tronc et sur les membres.— Marques des sinapismes.

« Infiltration sanguine des parties molles qui recouvrent les régions supérieure, postérieure et latérales du crâne ; cette infiltration est plus prononcée à droite et en arrière que partout ailleurs.

« Désunion de la suture lambdoïde, des sutures écailleuse et mastoïdienne gauches, de la suture sphénoïdale et des deux sutures sphéno-pétrées.

« Fractures nombreuses qui peuvent être divisées en trois séries :

« 1° *Côté droit du crâne*. Une de ces fractures part du côté droit de la suture lambdoïde, passe un peu au-dessus de l'angle postérieur et inférieur du pariétal, sur la portion écailleuse du temporal, s'étend dans la fosse temporale, et vient se terminer sur la grande aile du sphénoïde.

« 2° *Côté gauche du crâne*. Une autre fracture partant du côté gauche de la suture lambdoïde divise le pariétal d'arrière en avant dans la moitié de son étendue, sépare d'arrière en avant la portion écailleuse du temporal du reste de cet os. (La suture écailleuse étant désunie, comme nous l'avons dit plus haut, cette partie du temporal ne tient qu'aux parties molles.)

« 3° Une troisième fracture divise transversalement la sphénoïde au niveau de la selle turcique.

« L'ensemble des fractures et des déchirures articulaires que nous venons de mentionner établit une division du crâne en deux parties :

« Une partie antérieure et supérieure qui comprend d'arrière en avant les parties les plus élevées des pariétaux, la portion écailleuse des temporaux, le coronal, l'ethmoïde et la presque totalité du sphénoïde.

« Une partie postérieure et inférieure qui comprend l'occipital, les parties inférieures des temporaux et des pariétaux, et la partie la plus postérieure du sphénoïde.

« Cette division permet d'imprimer aux deux parties du crâne que nous venons d'indiquer des mouvements de déduction l'une sur l'autre.

« Le cerveau est très-volumineux ; sa portion antérieure et inférieure jusqu'au niveau des scissures de Sylvius est réduite en un détritus rougeâtre jusqu'au fond des anfractuosités. Une altération semblable, mais beaucoup plus circonscrite, existe en arrière et à droite.—Dans la cavité de l'arachnoïde existe un épanchement sanguin considérable.—Le tissu sous-arachnoïdien est le siége d'une infiltration sanguine très-prononcée.—On trouve dans les ventricules quelques gouttes de sérosité sanguinolente.—La moelle et la colonne vertébrale ne sont le siége d'aucune lésion.

« Épanchement de sang dans les plèvres.—Les poumons sont gorgés de sang, mais entièrement libres d'adhérence. Le cœur et le péricarde sont à l'état normal.

« Les viscères abdominaux sont entièrement sains. »

La *Presse* du 14 : « Le choc a été tellement violent, qu'il a produit à la fois une fracture de la colonne vertébrale, et, par contre-coup, un épanchement sanguin dans *le cerveau et une rupture du cœur.* »

Le *Constitutionnel* du 15 : « Un journal rapporte qu'arrivé au lieu dit *les Quatre-Chemins*, près du parc de Neuilly, le prince s'est aperçu que son cocher n'était plus maître de ses chevaux ; il y a en cet endroit des fossés assez profonds, qui rendent tout accident de voiture dangereux ; et

comme les chevaux étaient conduits par un jeune postillon, M. le duc d'Orléans s'est levé debout dans sa voiture
pour lui donner quelques conseils. Le danger devenu plus
sérieux, le prince a pris le parti déplorable de sauter hors
de sa voiture, chose qui lui était pourtant assez familière
toutes les fois qu'il se servait de ce *demi-Daumont* qui est
extrêmement bas.

«M. le duc d'Orléans était en uniforme; on suppose que
*ses éperons se seront embarrassés dans les tapis de la voi-
ture,* car le prince, debout comme nous avons dit, *est tombé
à pleine poitrine sur les roues,* avant d'aller donner la
tête sur le pavé (*). Au bout de l'avenue, les chevaux
étaient déjà arrêtés, sans que la voiture eût souffert. »

Les *Débats* : « M. le docteur Pasquier, premier chirurgien du prince royal, assisté de M. Pasquier père, premier
chirurgien du roi, et de MM. Fouquier, Auvity, Moreau,
Blandin, Blache, Destouches, Sauvé et Séguin, a procédé
aujourd'hui, en présence de M. le lieutenant-général baron
Atthalin, aide-de-camp de S. M., délégué par le roi, à
l'autopsie du corps de S. A. R. le duc d'Orléans.

« Cette opération, commencée à sept heures du matin,
s'est prolongée jusqu'à onze. Elle paraît avoir eu pour objet
de constater : 1° que la mort du prince a été occasionnée
par la fracture de la partie postérieure du crâne, fracture
qui s'étend d'une oreille à l'autre, et qui remonte à droite

------

* Je conçois à présent la malédiction du *Pavé.* Celui sur lequel
a porté la Tête sacrée est sacré désormais, et voilà pourquoi il a
été détaché sanglant de sa place;—et pourquoi le Pavé hostile de
Paris en général sera incessamment remplacé par le Bois *pacifié*
(et salutaire même aux Parisiens malades), de l'ingénieux et fidèle
royaliste, le comte de Lisle.

jusqu'à l'os frontal, lequel est presque entièrement détaché de la tête; 2° que tous les autres organes de S. A. R. étaient parfaitement sains et dans un état de conservation qui permet de supposer que le prince, dont le régime était excellent et la vie admirablement réglée, aurait pu vivre très-longtemps.

« Un autre résultat de l'autopsie a été la conviction dans l'esprit des médecins que la tête du prince avait dû supporter toute la violence de sa chute, aucune autre partie du corps n'étant sérieusement atteinte; et, en même temps, que S. A. R. n'avait pas dû s'être jetée en bas de sa voiture, mais est tombée soudainement par l'effet d'une secousse qui, pendant le temps que le prince est resté debout dans sa voiture, lui aurait fait perdre l'équilibre.

« A cinq heures et demie, l'embaumement terminé, le général Atthalin a fait inviter les officiers du roi et des princes, qui se trouvaient en ce moment à Neuilly, à se rendre auprès du corps, afin de constater le dépôt de la royale dépouille dans le cercueil qui lui était destiné, et pour signer le procès-verbal qui devait être dressé par suite de ce dépôt.

« En leur présence, le corps, enveloppé de toile cirée, a été placé au fond d'un cercueil de plomb, revétu de satin blanc le long de ses parois intérieures, avec un coussinet de même étoffe pour y poser la tête.

« Puis, on a placé sur le corps de S. A. R. son uniforme d'officier général, son grand cordon, ses épaulettes, son épée et son kepy d'Afrique.

« Ensuite on a rempli avec de la ouate tous les vide du cercueil.

« Cette opération achevée, le procès-verbal constatant le dépôt a été signé par tous les assistants.

« Le procès-verbal a été roulé et introduit dans une bou-
teille hermétiquement fermée, placée dans le cercueil.

« Puis le cercueil lui-même a été clos avec du plomb
fondu et mis dans son enveloppe de bois de chêne, revêtue
de velours noir à clous d'argent.

« Le cœur du prince avait été renfermé dans une urne de
plomb, scellée comme le cercueil.

« Le clergé a été alors introduit, et il a jeté l'eau bénite
sur l'auguste dépouille.

« Puis le cercueil a été porté dans la chapelle, et replacé
sous le cénotaphe.

« Et les chants funèbres ont recommencé pour ne plus
s'arrêter que dans les caveaux de Dreux. »

Le *Siècle* : « Après un examen minutieux des circonstances qui ont précédé la chute du prince, les hommes de l'art
ont été unanimes à reconnaître, d'après la gravité et le
nombre des fractures du crâne, que le duc d'Orléans a dû
être *involontairement* précipité hors de la voiture, et qu'il a
dû tomber la tête sur le pavé, de là l'épanchement considérable remarqué dans le cerveau.

« Après l'autopsie, les hommes de l'art ont procédé à
l'embaumement par la méthode égyptienne, qui consiste
dans l'embaumement partiel de tous les organes.

« Le corps embaumé a été revêtu d'un uniforme neuf de
lieutenant-général, car *la reine a voulu garder celui que le
prince portait au moment de sa chute*. »

Le corps du prince, son corps lui-même, par une fatalité inouïe, n'a pas été respecté :

« Il n'y avait, dans la mort du duc d'Orléans, aucun

mystère à éclaircir : pas d'empoisonnement, pas de blessures d'assassin à constater, point de maladie inconnue, point de cause cachée à découvrir. Les lésions qui avaient occasionné la mort n'étaient que trop visibles. La politique, l'histoire, la science, n'avaient rien à apprendre.

« Pourquoi a-t-on fait l'autopsie? d'où sont venus ces ordres? nous l'ignorons; mais, à coup sûr, ils ont dû être surpris dans un moment de consternation et de douleur, et, dans tous les cas, la famille royale et le ministère n'ont pu donner l'autorisation d'en publier les détails.

« Comment ne pas éprouver un sentiment pénible, en pensant que, sans nécessité, les restes du malheureux prince ont été ainsi disséqués, charcutés, observés, comme dans un amphithéâtre. »   (*Écho du Monde Savant.*)

Une dernière fatalité malheureuse et désespérante : l'embaumement, plus conservateur, que l'art et la médecine réunis avaient choisi pour le corps du Prince, a complétement échoué; et il est arrivé qu'essentiellement léthifère il a déjà dévoré, dit-on, ses restes précieux.

... En sorte que le *Lamartine royaliste* (l'autre ne l'est plus) a pu dire dans la plus belle strophe de sa *Lamentation sur le Treize juillet* :

> La mort fait de ses mains trop sûres
> *Un Diadème de Blessures*
> Au front qui ne régnera pas.

NOTE (2) DE LA PAGE 39.

On lit dans le *Parisien* :

« Avant de réunir les différentes versions publiées par nos confrères sur le lamentable événement d'hier, et de les placer sous les yeux de nos lecteurs, nous allons rapporter le récit que nous en a fait un témoin oculaire, qui a été assez heureux pour porter les premiers secours au prince, et qui ne l'a plus quitté que lorsque le funèbre cortége a eu franchi la grille du parc de Neuilly.

« Ces détails nous ont été fournis par l'un de nos dépositaires, M. Lhoné, demeurant rue de *Babylone*, 33.

« Hier, vers midi, *M. Lhoné* revenait de Courbevoie et se trouvait dans une *Accélérée*; arrivé presque en face de la porte Maillot, il aperçoit une calèche dont les chevaux s'emportaient. Un domestique courait par derrière : c'était le valet de pied qui avait eu le temps de sauter en bas de la voiture et de gagner les devants, dans l'intention sans doute d'arrêter les chevaux. Un jeune homme était debout dans la calèche et cherchait à en descendre. A la livrée des domestiques, à l'uniforme du jeune homme, il ne doute pas que ce ne soit un des princes. Il fait arrêter l'*Accélérée*, en descend, et voit le malheureux prince se précipiter par la portière, et tomber sur le pavé de la route.

« M. Lhoné accourt et reconnait le duc d'Orléans. Il le relève, aidé de *deux ouvriers* qui se trouvaient là. Le prince respirait encore, mais avec effort. Ils le transportent chez un *épicier de Sablonville* et le déposent dans l'*arrière-boutique*. C'est là que tous les soins de l'art lui ont été prodigués, mais, hélas ! en vain.

« Cependant, comme les journaux l'ont rapporté, on a eu un instant l'espoir de le sauver. Les saignées ayant provoqué plusieurs fois des vomissements, la position du prince a paru s'améliorer, le pouls avait repris de la force ; mais cette lueur d'espérance n'a pas tardé à s'évanouir. A trois heures et demie une dernière crise est arrivée, et le prince a rendu le dernier soupir. C'est *dans les bras de M. Lhoné qu'il a expiré*, car M. Lhoné ne l'a pas quitté un instant ; il lui tenait les bras et la tête lorsqu'on lui posait les sangsues, et c'est à lui que le prince a adressé les quelques *mots allemands* qu'il a prononcés. Les voici, tels que M. Lhoné, qui entend parfaitement la langue allemande, nous les a traduits : « *Fermez la porte, éteignez le feu, et laissez-moi.* »

« Il croit sans doute parler à son valet de chambre qui « est Allemand , dit Sa Majesté à M. Lhoné ; demandez-lui « quelle porte il veut que l'on ferme. »

« Conformément à cet ordre du roi, M. Lhoné ayant adressé cette question au prince, S. A. R. ne répondit rien.

« Le prince n'a *pas ouvert les yeux un seul instant depuis sa chute*, et n'a pu reconnaître à leurs voix ses augustes parents qui ne cessaient de lui parler.

« Rien ne peut peindre, dit M. Lhoné, les scènes dé-« chirantes dont j'ai été témoin hier ; j'en suis malade, et « je n'en ai pas mangé ; le roi, la reine, les princes et les « princesses se sont précipités à genoux en arrivant. — « Ferdinand, mon pauvre Ferdinand, s'écriaient-ils, *parle-« nous, oh! parle-nous.* »

« La reine n'a pas quitté le chevet de son fils ; elle tirait les larmes des yeux de toute l'assistance par sa douleur et par les ferventes prières qu'elle adressait au ciel... Mais nous nous arrêtons ; ce sont de ces douleurs que l'on ne peut décrire.

« M. Lhoné a accompagné le corps jusqu'à *la grille du parc.* La foule était nombreuse, mais elle n'a pas pénétré dans l'intérieur. Aussitôt que la famille a été entrée, on a fermé les grilles.

« Le prince était *en uniforme de lieutenant-général* au moment de sa chute, et il n'est pas vrai qu'il eût un manteau, comme quelques journaux l'ont rapporté. »

———

Et dans le *Siècle* :

« Nous avons publié hier le procès-verbal d'autopsie rédigé par les médecins et chirurgiens de la cour; il est impossible de savoir si la mort du prince a été le résultat d'une chute accidentelle ou volontaire. S'il faut s'en rapporter aux documents fournis par la science, le prince royal, en se levant, aurait été précipité hors de sa voiture par une secousse au moment où il s'était levé pour parler au postillon; tout semble confirmer cette version. Nous avons vu aujourd'hui une personne qui se trouvait à cinq ou six pas de la voiture au moment du fatal événement : c'est un négociant du Pas-de-Calais, nommé **M. Dubois-Deuzy**; il nous a affirmé qu'il n'avait pas vu le duc d'Orléans sauter hors de sa voiture; il ne s'est aperçu de l'événement qu'en voyant le prince étendu sur la terre; son épée était passée entre ses jambes; M. Dubois-Deuzy a relevé aussitôt le prince, qu'il croyait être un officier général; mais bientôt deux gendarmes sont arrivés et ils ont reconnu l'héritier de la couronne; le sang lui sortait déjà par le nez et la bouche. »

———

NOTE (3) DE LA PAGE 45.

Les plus petits éléments, tout aussi vrais peut-être, précisément parce qu'ils sont plus *ridicules*, semblent coïncider ici avec les grands pour se confirmer les uns par les les autres.

M. de Chateaubriand en a noté de moins graves dans ses beaux *Mémoires touchant la vie et la mort de Monseigneur le duc de Berry*.

Un de ses chapitres est intitulé : *Fatalité des Nombres*;

un autre, *Pressentiments de Monseigneur le duc de Berry comparés à ceux de Henri IV*.

Et d'abord le *Lieu* était *malheureux* longtemps avant, et dès le lendemain après :

« En 1606, il n'y avait pas encore de pont à Neuilly, et l'on traversait la rivière avec un bac ; mais un événement imprévu, qui manqua de faire périr Henri IV et sa suite, détermina la construction d'un pont sur cette route.

« Ce roi revenait de Saint-Germain avec la reine, son épouse, dans un carrosse à quatre chevaux ; M. de Montpensier, M. le duc de Vendôme, madame la princesse de Conti et le cardinal du Perron les accompagnaient dans la même voiture.

« Lorsqu'on fut arrivé à Neuilly, proche de la Seine, les chevaux, qu'on avait oublié de faire boire, se précipitèrent dans l'eau, malgré le cocher, et entraînèrent la voiture dans un endroit si profond, que, sans les prompts secours de MM. de l'Isle-Rouchot et Chastaigneraye qui se jetèrent dans l'eau avec leurs manteaux et *leurs épées, le Roi et sa compagnie se seraient infailliblement noyés*.

« Ce prince, étant hors de danger, se remit dans l'eau pour aider à retirer la reine et M. de Morveau. »

(*Description des environs de Paris*, par Dulaure.)

« La route de Neuilly a encore été témoin d'un affreux accident. Le vendredi 22 *juillet*, à la suite d'une discussion entre rouliers, l'un d'eux, âgé de 26 ans, est tombé entre les deux moyeux des roues et a eu *la tête* totalement broyée. Les auteurs de cet accident ont vainement cherché à prendre la fuite : ils ont été arrêtés et écroués à la préfecture. La victime de cet accident sortait de l'hôpital, à la suite d'une chute qu'elle avait faite sur cette même route il y a environ trois semaines. » *(Presse.)*

« Hier vers midi (*Dimanche*, 17 juillet), une calèche, contenant trois personnes, et attelée de deux chevaux, a été renversée violemment sur le pavé *à l'endroit même où S. A. R. le duc d'Orléans a trouvé la mort* (*). Les trois personnes ont été transportées, dans un état affreux, dans un café près de la porte de Maillot ; la calèche a été brisée, et les chevaux se sont précipités, en franchissant un perron de huit marches, dans la cour d'une maison voisine. »

(Constitutionnel.)

D'après sa correspondance parisienne, le *Mémorial de Rouen* raconte quelques accidents (**) qui ont eu lieu sa-

(*) Le *Chemin de la Révolte*, qui va droit à Saint Denis, la sépulture des Rois de France, a été coupé *ad hoc*, avant la Révolution de 1789, qui n'a fait que lui donner son nom, et pour cause.— Et tout Paris a été témoin que ce fut le point de réunion de tous les officiers à demi-solde venus de la ville et des départements voisins la veille et le lendemain du 20 mars 1815.

(**) L'Eglise elle-même n'a pas semblé indépendante, cette fois, de la fatalité :

« Le service funèbre célébré à Châteauroux, à l'occasion de la mort du duc d'Orléans a été signalé par un événement fâcheux. Quatre colonnes placées aux angles du catafalque, portaient des inscriptions destinées à rapeler les affaires dans lesquelles s'était trouvé le prince ; chaque colonne était surmontée d'un vase en porcelaine remplie d'esprit-de-vin, auquel on mit le feu au moment où le cortége parut dans le saint lieu. Tout à coup l'un des vases éclate, le liquide se répand et communique le feu aux draperies et aux chaises qui étaient au pied de la colonne. Qu'on juge de l'émotion des spectateurs présents à cette scène! Heu-

medi sur la route qu'a parcourue le convoi du duc d'Orléans. Aux Champs-Elysées, un ouvrier, qui était monté
au haut d'un arbre, est tombé *la tête la première* et ne
s'est pas relevé. M. Desselvre, officier d'état-major, a été
jeté bas de son cheval et blessé grièvement. M. Duponchel,
de l'Opéra, qui fait partie de la garde nationale à cheval,
a été également jeté à terre. »

———

Enfin, et au moment où l'on imprime cette feuille, nous
lisons dans le *Commerce* : « Lundi (8 août) le Roi était parti
des Tuileries vers quatre heures pour retourner à Neuilly;
lorsque ses chevaux s'emportèrent *entre la Place de la Révolution* et le Rond-Point des Champs-Elysées. Les rênes
de droite étaient cassées, au moment où la voiture s'arrêta.
Le prince de Joinville et le duc de Nemours suivaient dans
une calèche. Ils en descendirent malgré les avis du Roi, et
le prince de Joinville monta dans la voiture de son père
pour l'embrasser. Le Roi ne paraissait pas éprouver une
grande émotion. La foule commençait à s'amasser. »

———

reusement, on arrêta les progrès de l'incendie, et l'office put être
continué. »   (*Constitutionnel.*)

A Paris même, le *feu* a failli incendier le catafalque superbe;
et c'est le *Constitutionnel* encore qui nous l'apprend le premier :
« *Aucun accident* n'a troublé le service funèbre du prince royal,
malgré la foule pressée qui remplissait la métropole et la chaleur
qui s'y faisait ressentir. Les trois cents cierges qui, outre les
grands candélabres, entouraient le catafalque, se fondaient et se
courbaient les uns sur les autres, au risque d'enflammer les draperies qui le recouvraient. Dès qu'on s'est aperçu de ce danger,
des pompiers et des hommes de service ont été chargés de surveil-
ler attentivement, *et il a fallu prendre le parti d'éteindre peu à peu
tous les cierges.* »

Et qui n'a été frappé de la concurrence de la chute du Prince avec la célèbre *Éclipse du Soleil* de juillet, dont le *Constitutionnel* apprit et publia aussi le détail le même jour 13 : « On lit dans le *Journal des Pyrénées-Orientales* (Perpignan) du 9 : « L'éclipse totale du soleil, annoncée pour le 8 juillet à cinq heures quarante-six minutes quatorze secondes, a été parfaitement observée à Perpignan dans toutes les phases de ce rare phénomène.

« Le temps était calme, la matinée fort belle et pas un seul nuage n'obscurcissait l'horizon ; aussi, dès l'aube du jour une immense partie de la population était en marche, se dirigeant sur les points les plus élevés à l'extérieur, tandis qu'un grand nombre de curieux se plaçait sur les clochers, les terrasses, les toits de la ville, pour assister au lever du soleil. Ce mouvement inaccoutumé à cette heure, la multitude de personnes qui se pressaient sur les remparts et les bastions, offraient déjà un magnifique tableau, sur lequel la vue se reposait avec un plaisir infini.

« Le commencement de l'éclipse, ses progrès et sa décroissance, qui ont eu lieu conformément aux prévisions établies par notre savant compatriote, ont été remarquées avec une constante curiosité ; c'était un spectacle majestueux, splendide, qui a produit sur tous les assistants une impression profonde, principalement lorsque la lumière a été totalement interceptée, car alors *personne n'a pu se défendre d'un sentiment de stupéfaction.*

« M. François Arago, membre de l'Institut, MM. Laugié et Mauvais, astronomes attachés à l'observatoire, étaient placés sur la terrasse de la citadelle. Ils avaient choisi cette position élevée comme la plus convenable pour recueillir des observations astronomiques *d'une immense importance pour la science.* »

Mais voyez-la, cette éclipse (*), d'un Pic des Hautes-*Pyrénées*, selon leur *Mémorial*, venu à Paris comme pour expliquer aux crédules l'éclipse royale qui venait d'arriver : « J'étais parti d'Aix à huit heures du soir, le 7, afin de me trouver au lever de l'aurore au sommet du pic de Trabejou (1,600 pieds au-dessus du niveau de la mer). A quatre heures, le soleil se levait dans la Méditerranée, comme un globe *d'un rouge de sang*. A cinq heures, la lune commença à l'occulter ; à cinq et demie, l'astre du jour était éclipsé de moitié ; insensiblement les rayons solaires se rapprochaient du disque, les objets changeaient de couleur ; à six heures, un vent froid souffla avec violence, la terre fut ébranlée, le soleil entièrement occulté. *Un cercle d'une pâle couleur* l'entourait ; à l'orient, le ciel était vermeil et d'une couleur *safranée* ; à une plus grande hauteur, vous eussiez aperçu une douce clarté, comme celle de l'aube ; mais à *l'occident régnait une obscurité que je ne saurais définir.*

« Ce n'était pas le crépuscule, ni la nuit, mais quelque chose d'obscur, de sombre, d'une façon toute étrange. Persée, la Chèvre, Castor et Pollux, Orion, Aldebrand, la Grande-Ourse, scinuillèrent au firmament. La température

(*) On lit le singulier fait suivant dans une des dernières séances de l'Académie des Sciences de Paris :

« **M. Dance,** architecte à Paris, a écrit à l'Académie des Sciences que, le 10 juillet, à neuf heures dix minutes du soir, il a pu observer, de l'une des fenêtres d'une maison de Passy, un météore enflammé suspendu à 2 ou 3 degrés au-dessus de l'horizon, dans la direction de l'ouest-nord-ouest. Ce corps avait la forme d'une poire renversée. Il était très-lumineux et paraissait à peu près immobile. Après trois ou quatre minutes d'observation, il a vu sa forme s'altérer, son extrémité inférieure se fondre, pour ainsi dire, et présenter ensuite une forme détachée, à peu près circulaire, qui s'annexa bientôt à la masse principale. Enfin les mase refroidit, et ce froid et le vent ne cessèrent qu'à la fin de l'occultation totale du soleil. Un petit chien que j'avais près de moi tremblottait et éprouvait un malaise qu'il exprimait par un plaintif aboiement. Lorsque l'éclipse cessa, *un éclair jaillit tout à coup du disque*, et la lune parut repousser avec violence le soleil.

« Lorsque le jour parut, je contemplai un ravissant panorama. Le Roussillon, la Méditerranée, les côtes de Collioure, Port-Vendre, Narbonne et une partie du Languedoc, Carcassonne, Toulouse, un immense pays était à ma vue. Ma plume ne peut décrire ce sublime spectacle, mais vous comprenez combien il était imposant.

« Rentré à Aix, j'appris que les mêmes phénomènes avaient eu lieu pendant l'occultation; mais ceux qui étaient plus haut élevés firent la remarque que, dans les lieux plus bas, la nuit était plus profonde. Dans la campagne, des bœufs avaient refusé le labour, des poules et leurs poussins étaient rentrés dans le poulailler. Sur le port de l'Hospitalet, un bon paysan, tout ébahi de voir le soleil obscurci, allait se coucher, croyant que le jour n'allait plus reparaître. »

Eclipses si absolues *du soleil* physique de juillet, et de son Soleil moral : était-ce la *Bonne Étoile* que le plus fameux des *courtisans* de ce double soleil lui annonça un jour, à la Chambre, au milieu de *l'hilarité universelle ?*

---

tières enflammées se déplacèrent, pâlirent, puis se rapprochèrent pour prendre la forme d'un beau croissant un peu moins brillant, mais cinq ou six fois plus grand que celui de la lune dans son premier quartier. Ce croissant se montra environ deux minutes, puis descendit insensiblement se coucher *derrière le Mont-Valérien.* »

« Marie-Amélie a dit que son fils lui avait fait ses adieux la veille de l'accident; et, comme il partait, elle lui demandait s'il reviendrait la voir le lendemain avant son départ. «*Peut-être,* » répondit le prince. Ne dirait-on pas que le prince avait le pressentiment de sa fin prochaine ?»

« On raconte qu'une quinzaine de jours avant la mort du duc d'Orléans, le prince demandait à son valet de chambre, jeune homme allemand qui jouissait de toute sa confiance, s'il avait songé à ce qu'il ferait si la mort venait tout à coup le priver de son maître.

« Le valet de chambre, surpris d'une question si extraordinaire, répondit n'avoir jamais pensé à une pareille situation, et qu'elle était tellement éloignée de ses prévisions qu'il priait le prince de n'en plus parler.

« Mais enfin, répliqua le duc d'Orléans, que ferais-tu? — Monseigneur, je ne sais pas, répondit le valet de chambre. — Eh bien! mon ami, si jamais cela m'arrive, je te conseille de demander la place de concierge de l'église de Dreux, afin que tu sois plus longtemps avec moi. »

« Cette conversation ne surprendra pas les personnes qui connaissent ce valet de chambre. Le prince l'aimait beaucoup, et c'est à lui certainement que s'adressaient les paroles qu'il a prononcées en allemand quelques instants avant sa mort. » (*Courrier français.*)

Il y a quelques singularités plus mémorables encore dans l'accident de la rive droite de la Seine, marqué, comme celui de la rive gauche, au nombre *deux* (*) fatal aux yeux de toute

(*) A la catastrophe du duc de Berry, ils étaient *deux* au spectacle; — ils avaient *deux* enfants; — ils en avaient perdu *deux*;

l'Antiquité, que Cicéron croyait, comme « *étant plus près des Dieux* » : — les *deux* chevaux de la voiture du Prince ; —ses *deux* domestiques ;— les *deux ouvriers* qui le portèrent ; — les deux gendarmes qui le reconnurent ; — le *second* accident de voiture arrivé à son frère venant de *Courbevoie* à lui ;—le numéro *Bis* de la maison de l'épicier ;—les *deux* enfants du prince ; —son âge de trente-*deux* ans ;—l'année de sa mort : 1840-*deux* ;— et jusqu'à ses noms de *quarante-deux* lettres juste :

« *Ferdinand-Philippe-Louis-Charles-Henri d'Orléans*, dit *le Constitutionnel* du 14, était né le 3 *septembre* 1810. Il était âgé de *trente-deux* ans. »

Il est avéré que les *deux* mots d'ordre du *guet* dans la garnison de Paris étaient, le 13 juillet : *Dreux* et *Deuil.*

Et ne se trouva-t-il pas jusqu'à une sorte d'*Épée de Damoclès* au lieu même où devait être moissonné si jeune l'Épée au côté, dans sa chute (et peut-être *ad hoc*) entre ses jambes?

Écoutons *la Gazette des Tribunaux* compétente en cette matière : « La maison dans laquelle M. le duc d'Orléans a rendu le dernier soupir a été, ainsi que nous l'avons déjà dit, fermée le lendemain de l'événement ; mais Cordier, locataire de l'appartement où l'affreux malheur s'est accompli, avait permis à quelques personnes de visiter la chambre funèbre. Aujourd'hui les visites de ce genre sont formellement interdites. Des personnes envoyées du château sont venues faire un inventaire minutieux de tous les

— et Louvel avait *deux* couteaux ; — tous deux à *deux* tranchants, etc.

meubles et objets que cette chambre contient. Cordier voulait enlever *une faulx suspendue à la muraille* (*); mais on l'a prié de l'y laisser. On a, de plus, levé de la manière la plus exacte le plan de la chambre avec la place que chaque objet y occupe. Une pièce absolument pareille sera disposée, dit-on, au palais de Neuilly, et ces objets y occuperont la place où ils étaient dans la chambre où est mort le prince. Ce sera pour la reine, qui a exprimé le vœu, un triste et pieux souvenir.

« L'achat de la maison a été également arrêté avec le propriétaire. Cette maison sera démolie, et une chapelle sera élevée sur son emplacement. »

Autres présages, autres *Pré-jugés*, je le crois, vraiment inouïs :

La Prophétie de la *Religieuse de Belley* qui a dit si juste la Révolution de juillet, et jusqu'à la mort prématurée de l'archevêque de Paris, dit aussi : « Pendant le mois d'août, une Branche glorieuse des Bourbons sera coupée. Un Bourbon doit périr, un autre sera exilé; son sang glissera dans

(*) On lit dans l'*Univers*, la veille de la mort du duc d'Orléans : « Le paquebot *la Duchesse d'Orléans*, arrivé le 7 à Bordeaux, a apporté les détails suivants sur les horribles massacres... Dans la matinée du 13, deux têtes furent trouvées pendues dans le marché aux viandes; elles avaient des rubans bleus passés dans les narines, etc... »

Tout ici est, ou tout semble, même à ceux qui s'en moquent, parlant et de mauvais augure : C'est le paquebot *le Tonnerre*, qui est venu apporter, comme un *coup* de foudre, la nouvelle de la mort du prince royal à son frère, le duc de Joinville, alors en pleine mer, en contemplation du *Vésuve*!

Les journaux ministériels ont été si frappés du seul nom du *Tonnerre*, qu'ils l'ont omis dans leur récit.

le sang, car *une tache de Sang marque son Front* et s'étend jusqu'à la génération.

« Dieu élève pour punir, et châtie pour récompenser. »

Et la célèbre *Prophétie* de l'Abbaye *d'Orval,* plus explicite encore s'il est possible : « Cependant les fils de Brutus oyent avec ire la fleur blanche et obtiennent règlement puissant, ce pourquoi Dieu est encore moult fâché *pour ce que le Saint Jour est encore moult profané.....* Le Roi-du peuple en abord vu moult faible et *pourtant contre ira bien des mauvais; mais il n'était pas bien assis et voilà que Dieu le jette bas......* »

Jette Bas... le Fils : Peut-être pour *bien asseoir,* et le Père, et le Frère lorsqu'il sera *Régent,* et le petit-fils, le Comte de Paris, s'il est jamais Roi : *Expedit vobis ut* Unus *moriatur homo pro Populo.* Joan.

Enfin, n'est-il pas jusqu'à cet étrange et ridicule Nostradamus, qui n'ait prévu jusqu'à l'histoire des *Suites,* comme celle des circonstances de la mort fatale, et qui n'ait fait une histoire complète de la Maison de Bourbon dans ses derniers malheurs.

......C'est précisément la partie textuelle des Centuries qui suit celle que nous avons citée dans la *Théologie des Chemins de fer,* et autres :

> Princes et seigneurs, tous se feront la guerre,
> *Cousin germain,* le frère avec le frère,
> *Finy l'arbry de l'heureux de Bourbon* (*).
> *De Hierusalem les princes tant aimables* (**)

(*) La mort du duc de Bourbon, de Charles X, etc., et l'exil des autres princes de cette maison.

(**) Tout le monde reconnaît ici le portrait des cinq fameux Rothschild, véritables ministres des finances des nations, et dont l'un a le titre de *Prince.*

Du fait commis énorme et exécrable
Se ressentiront sur la *bourse sans fond.*

Dame par mort grandement attristée (*),
·*Mère et Tutrice,* au sang qui l'a quittée,
Dame et seigneurs, faits *enfants orphelins,*
Par les *aspics* et par les *crocodilles*
Seront *surpris* Forts, bourgs, châteaux et villes.
Dieu tout puissant les garde de malins.

La grande rumeur qui sera par la France;
Les impuissants (**) voudront avoir *puissance,*
Langue emmiellée et vrays caméléons,
De boutefeux, allumeurs de chandelles,
Pies et geys, rapporteurs de nouvelles,
Dont la morsure semblera *scorpions.*

Faible et puissant seront en grand discord;
Plusieurs mourront avant faire l'accord.
Faible au puissant *vainqueur se fera dire,*
Le plus puissant au jeune cédera ;
Et le plus vieux des deux décédera (***),
Lorsque l'un d'eux *envahira* l'empire.

Par eau, par Fer et par grand maladie,
Le pourvoyeur *à l'hazard de la vie,*
Saura combien vaut le quintal du bois,
Six cents et quinze, ou le *dix-neuvième* (****).
On gravera *d'un grand prince* CINQUIÈME (*****)
L'immortel nom sur le pied *de* la Croix.

(*) L'histoire tout entiére des malheurs des deux Duchesses
de Berry et d'Orléans.

(**) Portrait, d'une admirable exactitude, des principaux *hommes*
et favoris *du jour.*

(***) L'évidence et l'application de la prophétie sautent ici à
l'œil.

(****) Le dix-neuvième siècle.

(*****) Il est remarquable qu'il y ait, au dix-neuvième siécle
précisément, en effet, deux remarquables Princes dè *ce nombre.*

SIGNES ALARMANTS DU HASARD...

OU DE LA PROVIDENCE (*).

La première PIERRE *de l'Hôtel-de-Ville* de Paris, où la
Révolution de *Juillet* devait *pré*-destinalement, et même

(*) C'est le titre textuel d'un Article que nous avons publié
en 1840, dans le plus répandu des journaux religieux. — Depuis,
le *Treize* septembre 1841, jour de l'entrée à Paris des deux
ducs d'Orléans et d'Aumale, celui-ci avec son régiment d'Afrique,
les a vu mettre en joue ensemble.

Nous n'avions plus à y ajouter qu'*un Treize,* que nous avions
comme en vue, et, nous le dirons, *en effroi :* le *Treize juillet* —
(deux mots de *treize lettres*) ; —la 13° année du règne de 1830 ;
—13 jours juste avant le 27 *Juillet,* anniversaire de la Révolution
de ce nom.—Mais le *Journal des Débats (Tu quoque!)* vient, le premier, d'en révéler d'autres : « Le fils aîné de Louis VI, ce jeune
prince dont tous les journaux parlent en ce moment, que son
père avait associé à la couronne, et qui tomba de cheval près l'é-
glise Saint-Gervais et se tua, mourut le *treize* octobre 1131. M. le
duc de Berry fut frappé, de nos jours un *treize* février. C'est le *treize*
juillet que succomba le prince infortuné dont nous pleurons la
perte, et *devant l'humble asile* qui reçut son dernier soupir est *un
Poteau qui porte le numéro* 13. Aucune idée superstitieuse ne se
mêle à cette remarque : nous n'y voyons qu'un de ces rapprochements douloureux que *multiplieraient aisément l'histoire* et les
éphémérides », et que viennent encore de présenter les 213... du
Président de la Chambre appelée à voter la Régence de *Louis
d'Orléans...*

Nous aurons sans doute sur ce point satisfait les *Débats.*

Dans notre pensée, dans notre Philosophie, à nous, les *Nombres,*
comme tous les *fronts* judaïques, comme les *crânes* selon Brous-
sais, comme les *yeux* selon tout le monde, ne sont pas, certes, des
raisons, des *causes* obligatoires, mais des *signes* seulement *de la
volonté divine ou humaine.*

Pro-videntiellement, se faire, posée en 1553 le *treize* Juillet.

La duchesse d'Orléans-Égalité, née un 13 mars;

Son mari, trop fameux, né lui-même un 13 avril ;

Donnant, le 13 janvier 1793, son grand dîner régicide (V. *Montjoie*);

Et puis exécuté en 1793;

Son fils, Louis-Philippe, né en 73;

Son premier nom : duc de Chartres, composé de 13 lettres;

Le second : Louis-Philippe, composé encore de 13 lettres;

Parlant la dernière fois..... à la Chambre des Pairs, le 13 octobre 1815;

En éliminant 193 pairs (le journal *le Temps* l'a remarqué le premier);

Sa Charte marquée à un terrible article *Treize* (précisément au lieu de l'art. 14, avec lequel le roi pensait pouvoir sauver en temps et lieu la Charte elle-même);

Sa liste civile, d'abord de 13 millions;

Ses maréchaux, 13, l'année où en tua un la machine Fieschi, lequel était né un 13 décembre;

Son ministre principal Casimir Perier (nom de 13 lettres) dont le ministère est du 13 mars;

Son habile et perpétuel ministre, le duc de Dalmatie, nommé pair le 13 août 1830;

Son vieux diplomate favori, Talleyrand, né le 13 février, et se démettant par une *Lettre* fameuse du 13 janvier;

Son fidèle maréchal Gérard, né en 73, comme lui;

Son petit ministre académicien (*Adolphe Thiers*, nom de 13 lettres), entré à l'Académie, sa vraie place, un 13 décembre;

Persil, le grand monnoyeur de juillet, né un 13 octobre;

Le plus intelligent, le plus royaliste des journalistes de Juillet (*), Émile Girardin (nom de **13** lettres), illégalement banni de la Chambre le **13** avril ;

Les grandes émeutes de Paris, correspondant à celle de Lyon, un **13** avril ;

Le dernier attentat dirigé contre Louis-Philippe, les **12** et **13** mai ;

L'un de ses plus opiniâtres antagonistes, Odilon-Barrot, ayant eu **193** voix pour la présidence contre lui.

Et puis, ce qui est pire que tout le reste :

Un duc d'Orléans assassiné, né le **13** mars **1371** ;

Un autre duc d'Orléans, Henri II, fils de François 1er, tué en un mois de juillet, également né un **13** mars ;

Et, par une merveille inouie, l'infortuné duc de Berry, dont le duc d'Orléans occupe la place, arrivé en France un **13** avril ; — ayant eu une fille morte le **13** juillet, — un garçon mort le **13** septembre, — et mort à son tour, à côté de son successeur, le **13** février !

Le dernier *Prince de Condé* (nom de **13** lettres), né le **13** avril ; — l'avant-dernier, mort le **13** mai !

La seconde des filles de Louis-Philippe, la première infortunée de son heureuse famille, *Marie d'Orléans* (**13** lettres), née en **1813**, cette année si fatale à la France et à Bonaparte, et qui commence par un *Vendredi* et finit par un *Vendredi....*

(*) Le plus passionné des ennemis de Louis Philippe, l'*Historien* inique des *d'Orléans* en général, le propriétaire et le rédacteur principal de *la Quotidienne* (nom de 13 lettres), M. *Laurentie*, est né l'année, et même le jour, que d'Orléans repentant de son *Crime d'Égalité*, et Louis XVI repentant de « sa faiblesse, pire que le crime de son cousin, » selon le comte de Maistre lui-même,... *Fils de Saint-Louis* également, allaient, l'un après l'autre, au *Ciel* : la même année 1793 !

L'Angleterre, enfin, qui a tant d'influence sur la France de 1830, est assez marquée au nombre *Treize*, à Paris :

Il est prouvé que ce fut un Anglais, M. Fox, de la famille du stérile orateur de ce nom (on a appris la mort de sa veuve dans les journaux du jour même de la catastrophe du *Treize*), qui tira le premier sur la garde royale, de l'*Hôtel royal* rue Saint-Honoré, n. 193, et qui tomba raide mort, par contre-coup.

Cela soit dit en passant, et en riant ou non, pour servir à la découverte de la *Loi de la Providence* sur les nombres, à la recherche de laquelle sont allés Pythagore et Platon, Copernic et Keppler, Leïbnitz et Euler, et de nos jours, le comte de Maistre, et jusqu'à M. Lamennais lui-même (*).

On lit *dans le même Journal* les deux faits chevaleresques suivants :

« Le *Cheval de bataille qui précédait le char funèbre au convoi* de M. le duc d'Orléans rappelait les souvenirs de la dernière campagne du prince en Afrique. Au combat de l'oued Jer dans la plaine de la Mitidja, des tirailleurs du *deuxième* régiment d'infanterie légère avaient devant eux un gros de cavaliers arabes. Le chef des Arabes s'était plusieurs fois porté seul en avant : il s'approchait à portée de son fusil, retournait au galop, remettait l'arme à ses cavaliers, qui la rechargeaient, et revenait la diriger contre les tirailleurs, au milieu desquels arrivaient ses balles, lancées par une arme de choix, tandis que celles de nos soldats ne paraissaient pas atteindre jusqu'à lui. Un sergent-fourrier se glissa dans un petit ravin, se cacha derrière un buisson, et,

---

(*) Un des amis intimes de celui-ci nous a raconté son effroi, un jour, pour s'être trouvé à une table de 13 *couverts.*

quand le chef arabe fut à portée, lui jeta une balle dans les reins. L'Arabe tomba mort. Le cheval, débarrassé de son cavalier, dirigea sa course du côté de nos troupes. Les Arabes, voyant cela, s'élancèrent au galop, et, désespérant de le rejoindre, voulurent le tuer pour qu'il ne tombât pas au pouvoir des Français. *Plus de cinquante coups de fusil furent tirés sur lui;* deux balles l'atteignirent : l'une à la cuisse, l'autre à l'épaule. *Le cheval arriva ainsi couvert de sang et d'écume.* On avait remarqué la grâce, l'énergie et la rapidité de ses mouvements sous le chef qui le montait ; on reconnut bientôt que c'était, en effet, un des plus beaux coursiers que l'on eût rencontrés en Afrique. Les grenadiers du 2ᵉ léger s'empressèrent de l'*offrir au duc d'Orléans*, qu'ils avaient vu au milieu d'eux lorsqu'ils étaient en tirailleurs à l'avant-garde. *Le prince montait souvent ce cheval* lorsqu'il était en uniforme, quoiqu'une de ses blessures le fît toujours un peu boiter d'une jambe de devant. Ce magnifique cheval avait été nommé *Sidi-Moussa.* »

⁎*⁎ *L'Hebdomadaire* (de Vire) rapporte le fait contraire :

« M. Colin père se promenait dernièrement dans un de ses herbages, à Neuville ; un bœuf se précipita sur lui et, après l'avoir enlevé sur ses cornes à une certaine hauteur, il le terrassa et le foula aux pieds. M. Colin demeura très-longtemps sans connaissance, et il dut peut-être la vie à un cheval qui était dans la prairie et *qui se tint continuellement entre lui et le bœuf,* jusqu'au moment où il reprit ses sens et put parvenir à échapper aux poursuites de cet animal. Depuis ce moment, M. Colin est indisposé ; on espère cependant que cet accident n'aura pas de conséquences graves. »

Quoi qu'il en soit de ces *éphémères* symptômes d'un événement immense, ils valent mieux que celui-ci des *Débats* mal avisés de ces jours-ci :

« Le duc d'Orléans, qui vient de périr d'une manière si déplorable , fut baptisé dans la *chapelle de Saint-Pierre* du palazzo Nuovo, de Palerme, qui sert maintenant de chapelle sépulcrale, et où avait été béni le mariage de Louis-Philippe, roi des Français, avec la princesse Marie-Amélie. Cette chapelle a été construite en 1170, et, si l'on en croit la tradition , sur l'emplacement même d'une maison dans laquelle saint Pierre aurait logé pendant son voyage de Jérusalem à Rome. Au moment où l'archevêque de Palerme allait verser l'eau baptismale sur le front de l'enfant , il dit aux assistants : « C'est *peut-être* un futur roi de France que je baptise aujourd'hui. » A cela le marquis de Gargallo, qui, au nom de la ville de Palerme, tenait le prince sur les fonts, répondit au prélat : *Que Dieu veuille que ce soit ainsi!*

« Depuis son avénement au trône, le roi Louis-Philippe n'a pas oublié la chapelle de Saint-Pierre, et dernièrement encore M. le prince de Joinville a offert à cette chapelle, au nom de son auguste père, un magnifique ostensoir en argent garni de topazes. »

Ce *signe-là* du moins est innocent, en voici un criminel, et qu'on lit dans le plus lâche des journaux (celui qui a appelé *salutaire* la *Saint-Barthélemi*).

C'est, dans un journal politique et même religieux, le *Coup de pied de l'Ane* au *Lion mort;* — c'est le *Dard du Serpent* sur un cadavre sacré :

« Un des plus spirituels hommes d'Etat du *Charivari,* M. Albert Cler, vient de publier un petit livre des plus curieux. Ce piquant ouvrage, intitulé la *Comédie à cheval,* ou *Manies et travers du monde équestre,* peut être mis à côté de tout ce que l'*humour* de Swift, d'Addisson et de Steele a produit de plus original et de plus malin. C'est une histoire complète et passablement critique de la vie et des usages du cheval, au point de vue de nos goûts et de notre société actuelle, dans lesquels le cheval et le cigarre de la Havane jouent un si grand rôle. Dans ce petit livre l'auteur a groupé, dans des scènes piquantes, tout ce qui se rattache au *sport*, aux *sportmen*, aux *gentlemen-riders*, à *l'équitation fashionable*, aux *horse-races*, aux *steeple-chasse* et à tout ce qui touche de près ou de loin aux usages et aux exercices hippiques, depuis l'écurie jusqu'au *turf* des courses, depuis le timon du fiacre jusqu'à la flèche de la voiture royale, depuis le cheval du Cirque-Olympique jusqu'au cheval de bataille et de l'attelage à la Daumont, jusqu'à l'attelage du corbillard. Dans le nombre des chose curieuses que contient ce livre, qui fournirait la matière de plusieurs feuilletons, nous choisirons, comme citation, des détails peu connus sur cet établissement de la *fashion* moderne qu'on appelle le *Jockey-Club*.

« Le Jockey-Club est presque devenu un pouvoir de l'Etat; il tient à la fois à la Cour, à la banque, à la Chambre des Pairs, à la Chambre des Députés, à la presse, à tous les boudoirs de la capitale, à la diplomatie, aux bureaux de tous les ministères et aux rats de l'Opéra. Ce club, aujourd'hui si célèbre et si influent, n'a pourtant que neuf années d'existence. Il fut fondé en 1833; les fondateurs sont MM. Fasquel, major Frazer, chevalier Machado, de Cambis, Rieussec et lord Henry Seymour. C'est dans une mansarde d'une maisonnette située dans le parc de Tivoli, chez un nommé Brion, que se tinrent les premières séances de l'illustre aréopage. La société s'appelait alors *Société pour l'amélioration des races de chevaux en France*. M. LE

DUC D'ORLÉANS s'en déclara le protecteur. Telle est l'origine de cette société qui, grâce *au pur sang*, ne pouvait manquer de faire rapidement son chemin.

« Aujourd'hui le Jockey-Club est composé de plus de trois cents *jeunes gens* appartenant pour la plupart à l'aristocratie ancienne, impériale, financière, ralliée à la dynastie actuelle. »

Nous ne sachons pas, après cet outrage à la tombe, de plus digne des *Lois de Septembre* que cette parole horrible et régicide que *Jules Janin* et la *Presse* prêtent à Louis-Philippe :

« Dans cette France qui a si grand peur de la réaction religieuse, j'ai trouvé le moyen *d'être regardé comme un des derniers Voltairiens sur lesquels on puisse compter !* »

Tu quoque, Brute !... peut dire Louis-Philippe à ces gens-là.

***

NOTE (4) DE LA PAGE 47.

« La France, dit le *Constitutionnel* du 14 juillet, a foi dans la dynastie qu'elle s'est donnée. L'épouvantable *catastrophe qui la prive du prince royal ne fera que fortifier ses sentiments.* Elle reportera sur le jeune fils du duc d'Orléans l'affection qu'elle avait vouée au père, et elle veillera, tendre et empressée, sur le berceau du comte de Paris.

« Rien n'est changé en France par la mort du prince royal. Il faut que tous ceux qui, au dedans ou au dehors, voudraient exploiter nos malheurs publics, le sachent bien. Notre dynastie nationale a désormais ses racines dans le sol, et rien ne pourra l'en arracher. Le trône où Louis-Philippe s'est assis, et qu'il doit conserver longtemps encore pour le bonheur de la France, demeurera à ses héritiers. La France le veut ainsi, car elle veut avant tout l'ordre et la sécurité, sans lesquels il n'y a pas de prospérité pour les nations.»

Et l'*Institut* l'a dit avec bien autrement d'énergie par l'organe de Victor Hugo :

« Sire, votre sang est le sang même du pays; votre famille et la France ont le même cœur. Ce qui frappe l'une blesse l'autre. C'est avec une inexprimable sympathie que le peuple français fixe en ce moment ses regards sur votre famille, sur vous, Sire, qui vivrez longtemps encore, car *Dieu et la France ont besoin de vous.*

« Que, du moins, cette affliction universelle soit pour Votre Majesté une sorte de consolation! Sire, c'est aussi là une acclamation. La mort fatale du prince a pu ébranler le trône, ce *deuil public et national consolide la dynastie.* La France qui vous consacrait il y a douze ans par l'unanimité de son adhésion, *vous consacre aujourd'hui une seconde fois* par l'unanimité de sa douleur. »

Il est un *Sacre* dont Louis-Philippe est bien autrement jaloux, et dont il sent bien autrement le *besoin*, que de la consécration académique...

Quant au *besoin* que *Dieu a du Roi*, je ne le nie pas, moi; car, en un sens, Dieu a *besoin* de tous les hommes, sans excepter un académicien; et il a comme *besoin*, tant il est bon, de leurs talents divers, s'ils ont pour objet, non le théâtre, mais la vertu.

Note (5) de la page 47.

Et voilà même pourquoi les *Emigrés*, l'armée de Condé, et jusqu'à l'armée des coalisés, étaient *toujours en arrière d'une année, d'une armée et d'une idée;* — ce qui arriva constamment à Bonaparte, sur la voiture duquel vinrent s'émousser toutes les *Machines* de Georges, pires, à nos yeux, que celles de Fieschi ; — ce qui arriva, depuis 1830, à l'intrépide duchesse de Berry ; — ce qui arriva, dès le 1ᵉʳ siècle du christianisme, lorsque la Providence faisait même, et surtout, de Tibère *son enfant gâté :*

« Dieu, dit Tillemont, a marqué visiblement que c'était lui qui faisait régner cet homme hypocrite pour punir les péchés des peuples. Il *le sauva dans son enfance de toutes sortes de périls, des ennemis, de la mer, d'un feu qui s'alluma tout d'un coup dans une forêt lorsqu'il y passait, et qui brûla même les habits et les cheveux de sa mère.* »

C'est que Dieu seul *s'est réservé* le jugement, même temporel, des rois.

Note (6) de la page 48.

M. Laurentie, dans une *Histoire* prétendue *des ducs d'Orléans*, a calomnié (*), entre autres, le plus malheureux de ces princes :

C'est horrible de la part d'un homme religieux.

Suivant lui, *Louis-Philippe s'en alla à la mort avec une impassibilité désespérée qu'on put prendre pour de la fermeté ; il ne parut pas se souvenir qu'il y avait un autre*

(*) **Si M. Laurentie** ignorait, en composant son livre, un fait de cette gravité, il l'a appris depuis par l'*Ami de la Religion*, qui a reproduit, en toutes lettres, le document historique avec de nouvelles preuves à l'appui. Et il n'a point ajouté de carton à son ouvrage ! et il n'a point cherché, et il n'a point saisi l'occasion qui s'est présentée mille fois de le publier dans son journal !—Et il ne le publiera même point, dans sa prétendue *Histoire de France,* sur le reproche immortel que nous lui faisons de son dernier silence.... cent fois plus coupable que le premier !

jugement plus formidable que celui des bourreaux, toute pensée grande et immortelle avait disparu de cette intelligence déchue.

Rien de plus faux. L'abbé Lothringer, vicaire épiscopal de Gobel, publiant en 1797 une rétractation de son serment, déclara avoir confessé à la Conciergerie, en 1793, le *duc d'Orléans, Custines, Gorsas, Gardien, Viger* et plusieurs autres. Sa lettre fut insérée dans les *Annales catholiques* de M. de Boulogne. Madame la duchesse d'Orléans, qui était encore en France, désira des renseignements plus précis sur les derniers moments de son époux. Elle fit écrire à M. Lothringer, alors en Alsace, qui lui fit de Thann, le 27 juillet 1797, la réponse suivante publiée aussi dans les *Annales catholiques* :

« Je reçus, dit M. Lothringer, une lettre de la part de Fouquier-Tinville, ci-devant accusateur publice du tribunal révolutionnaire, pour donner les derniers secours de la religion à M. le duc d'Orléans. Arrivé à la Conciergerie, je le trouve tout disposé à se confesser ; mais un homme ivre, dont je ne sais pas le nom, nous a déroutés par d'horribles blasphèmes, que dans son ivresse et son désespoir il vomissait contre la religion et ses ministres. Cet homme a tout fait pour empêcher le duc de se confesser et d'avoir confiance à un prêtre. Inutilement les gendarmes présents lui imposaient silence. Tout à coup, par une providence spéciale, l'homme ivre commence à s'endormir jusqu'à l'arrivée des exécuteurs. Le duc d'Orléans me demande si j'étais le prêtre allemand duquel lui avait parlé la femme Richard (femme du concierge de la Conciergerie), et si j'étais dans les bons principes de la religion. Je lui ai dit que, séduit par l'évêque de Lydda, j'avais prêté le serment, qu'il y avait longtemps que je m'en repentais, que je n'attendais que le moment favorable de m'en *défaire.*

« M. le duc d'Orléans, se mettant à genoux, me demanda s'il avait encore assez de temps pour faire une confession générale ; je lui ai dit qu'oui, et que personne n'était en droit de l'interrompre ; et il fit une confession générale de toute sa vie. Après sa confession, *il me demandait, avec un repentir vraiment surnaturel, si je croyais que Dieu le recevrait dans le nombre de ses Elus.* Je lui ai prouvé, par des passages et des exemples de la sainte Ecriture, que son noble repentir, sa foi en la miséricorde infinie de Dieu, sa résignation à la mort le sauveraient infailliblement. « Oui, répondit-il, je meurs innocent de ce dont on m'accuse ; que Dieu leur pardonne comme je leur pardonne. *J'ai mérité la mort pour l'expiation de mes péchés ; j'ai contribué à la mort d'un Innocent, et voilà ma mort :* mais il était trop bon pour ne me point pardonner. *Dieu nous unira tous deux avec Saint-Louis.....* » Je ne peux assez exprimer combien j'étais édifié de sa noble résignation, de ses gémissements et de ses désirs surnaturels de tout souffrir dans ce monde et dans l'autre pour l'expiation de ses péchés, desquels il me demandait une seconde et dernière absolution au pied de l'échafaud. Voilà de quoi vous pouvez assurer sa respectable et pieuse épouse pour la tranquilliser à tous égards. »

Note (7) de la page 50.

« M. le duc d'Orléans semblait *avoir le pressentiment de sa mort* prochaine ; il disait, il y a deux jours, à sa sœur, la princesse Clémentine qui lui parlait des chances glorieuses de son avenir : Je mourrai jeune, ma sœur, et je dois mourir bientôt. »   *(Débats.)*

₊*₊ « On a trouvé, dans les papiers de M. le duc d'Orléans, cette indication précise : —*Si je meurs par accident,
je désire qu'on m'enterre sans pompe.*—Pour se conformer
à cette intention, Louis-Philippe voulait que les obsèques
fussent célébrées à Neuilly, d'où le corps aurait été transporté directement à Dreux, dans les caveaux destinés à la
sépulture de la famille d'Orléans. »

(*Ami de la Religion*, journal dynastique.)

₊*₊ « Le cruel accident qui a coûté la vie à M. le duc
d'Orléans semblait avoir été, en quelque sorte, annoncé par
plusieurs événements de ce genre. C'est ainsi que peu de
temps après son mariage, ses chevaux s'étant emportés,
faillirent précipiter sa voiture dans la Garonne, que dans
un de ses voyages de Toulon il fut sur le point d'être versé
dans la rivière de l'Huveaune du haut du pont de Roque-
vaire, et qu'en 1839 un accident survenu près d'Albertas
fit périr un de ses postillons.

(*Gazette du Midi.*)

La Gazette du Midi a oublié une chute dernière, et
bien autrement extraordinaire par le *Lieu*, et rapportée
ainsi dans les journaux du mois de *Mai* :

« Au retour *de Chantilly*, il est arrivé plusieurs accidents
qui pouvaient être très-graves, et qui cependant n'ont pas eu
de suites fâcheuses. L'essieu de la voiture de M. le duc d'Orléans s'est brisé en route ; mais la voiture n'a pas versé, et
le prince en a été quitte pour une violente secousse. Quelques instants après, le char à banc à quatre chevaux que
le colonel Thorn, fastueux Anglais, conduisait lui-même à
grandes guides, a versé et est allé se briser contre un des
arbres de la route ; les dames qui étaient dans la voiture ont

été jetées sur les contre-allées, et sont allées rouler dans la poussière : elles n'ont éprouvé que de très-légères contusions et un grand désordre dans leurs élégantes toilettes. M. Thorn n'a pas été blessé. »

On lit dans *l'Espérance* de Nancy :

« Nous avons annoncé que M. le préfet de la Meurthe avait reçu, le jour de la mort de monseigneur le duc d'Orléans, une lettre dans laquelle le prince acceptait la fête qui lui était offerte par la ville de Nancy. Une copie de cette lettre nous ayant été communiquée, nous nous empressons de la mettre sous les yeux de nos lecteurs. Ils remarqueront que ces lignes sont datées du 12 juillet : elles sont les dernières peut-être que le prince ait écrites avant l'événement du 13. Leur *Conditionnel* est frappant :

« L'aimable invitation que vous m'avez transmise au nom de la ville de Nancy, m'a mis dans l'embarras, mon cher préfet ; mais je suis cependant arrivé à concilier mon désir de répondre à cette politesse avec l'obligation de remplir mes engagements militaires. Voici le seul arrangement possible pour atteindre ce but :

« Le 21 juillet, je traverserai Nancy, *sans m'y arrêter*, pour arriver de bonne heure à Lunéville. *J'inspecterais* la division de dragons le 22 et le 23 au matin. Le 23 juillet, entre deux et trois heures, *je reviendrais* à Nancy, où la duchesse d'Orléans *arriverait de son côté*, venant d'Epinal. — Je *passerais* la revue de la garde nationale et de la garnison ; je *recevrais* ensuite les autorités ; je leur *donnerais* à dîner ; puis, le soir, la duchesse d'Orléans et moi, nous *irions* au bal que la ville veut bien nous donner. Le 24 au matin, nous *repartirions* pour aller coucher à Phalsbourg,

car le 25, dans la matinée, nous sommes attendus à Stras-
bourg, *et je suis obligé de faire voyager la duchesse à très-
petites journées.*

« Veuillez exprimer au maire et au conseil municipal
de Nancy mon empressement à me rendre à leur invitation, et recevez, mon cher préfet, l'assurance de tous mes
sentiments.

« Votre affectionné,

« Ferdinand-Philippe d'Orléans.

« Tuileries, le 12 juillet 1842.

« *P.S.* Veuillez prévenir officieusement le général
Villatte de ces changements. »

Note (8) de la page 51.

Lisez les *Actes* de la naissance du faible enfant sur le
berceau duquel repose à présent l'espérance de la monarchie nouvelle, et ceux des félicitations parisiennes dont elle
a été l'occasion. C'est aujourd'hui, et à toujours, la plus
belle page, peut-être, de l'*Histoire de France!*

La voici écrite par le *Constitutionnel* du lendemain du
jour heureux ou malheureux, le *Vendredi* du mois *Auguste*
par excellence :

« Et de suite, nous chancelier de France, assisté comme
dessus, avons, en vertu des pouvoirs à nous conférés par
l'ordonnance royale du 23 mars 1816, procédé à la rédac-
tion de l'acte de naissance ci-après :

« Du *Vendredi* vingt-quatrième jour du mois d'août 1838.

« Acte de naissance de très-haut et très-puissant Prince
Louis-Philippe-Albert d'Orléans, Comte de Paris, né aujourd'hui, à trois heures de l'après-midi, au palais des Tuileries, à Paris, fils de très-haut et très-puissant Prince Fer-

dinand-Philippe-Louis-Charles-Henri d'Orléans, Duc d'Orléans, Prince royal, et de très-haute et très-puissante Princesse Hélène-Louise-Élisabeth, Princesse de Mecklenbourg
Schwerin, Duchesse d'Orléans, Princesse royale, son épouse,
demeurant audit palais;

« Le présent acte reçu, d'après les ordres du Roi, par nous
Étienne-Denis, baron Pasquier, chancelier de France, pair
de France, président de la Chambre des Pairs, grand'croix de
l'Ordre royal de la Légion-d'Honneur remplissant, aux ter-
mes de l'ordonnance royale du 23 mars 1816, les fonctions
d'officier de l'état civil de la Maison royale avec Élie, duc
Decazes, pair de France, grand-référendaire de la Chambre
des Pairs, commandeur de l'Ordre royal de la Légion-d'Honneur, accompagné de Eugène-François Cauchy, gardes des
archives de la Chambre des Pairs, chevalier de l'Ordre
royal de la Légion-d'Honneur;

« En présence de très-haut, très-puissant et très-excel-
lent Prince Louis-Philippe, premier du nom, Roi des Français, et de très-haute, très-puissante et très-excellente
Princesse Marie-Amélie, Reine des Français;

« En présence aussi de très-haute et très-puissante Princesse Auguste-Frédérique de Hesse-Hombourg, Grande-
Duchesse héréditaire douairière de Mecklenbourg-Schwerin,
belle-mère de Son Altesse royale Madame la Duchesse
d'Orléans;

« En présence également de très-hauts et très-puissants
Princes, Henri-Eugène-Philippe-Louis d'Orléans, Duc
d'Aumale, et Antoine-Marie-Philippe-Louis d'Orléans,
Duc de Montpensier, fils de Leurs Majestés (Leurs Altesses
Royales le Duc de Nemours et le Prince de Joinville étant
absents pour le service du Roi); de très-haute et très-puissante Princesse Marie-Clémentine-Caroline-Léopoldine-

Clotilde, Princesse d'Orléans, fille de Leurs Majestés ; de très-haute et très-puissante Princesse Eugène-Adélaïde-Louise, Princesse d'Orléans, sœur du Roi, et de très-haut et très-puissant Prince Frédéric-Guillaume-Alexandre, Duc de Wurtemberg, gendre de Leurs Majestés. »

24 août.

« ACCOUCHEMENT DE LA DUCHESSE D'ORLÉANS.

« Cent un coups de canon ont annoncé aujourd'hui aux habitants de la capitale que la duchesse d'Orléans était accouchée d'un fils.

« Cet événement, qui comble de joie la famille royale, sera accueilli avec une vive satisfaction par la France entière.

« L'avenir monarchique de notre pays n'avait pas besoin d'une garantie nouvelle. La dynastie que nous avons élue est trop solidement assise, *trop de rejetons mâles s'élèvent autour du Trône pour que les plus inquiètes prévisions* pussent s'alarmer, alors que nous n'aurions pas à saluer aujourd'hui, dans le nouveau Comte de Paris, le futur Roi des Français. Ce nous est cependant une douce émotion de voir se réaliser dès à présent toutes les espérances que nous avait fait concevoir l'heureuse union de l'héritier de la Couronne, et d'entourer de notre affection et de nos hommages le Prince qui sera le Roi de nos enfants.

« Ce sentiment sera compris et partagé par toute la France. Après tant d'orages et tant de désordres, il faut à notre patrie un gage de sécurité : *la perpétuité* de la Dynastie constitutionnelle.

« Quand la loi du progrès est appelée à agir incessamment sur nos institutions, il faut au pays quelque chose de stable et de permanent, qui puisse incessamment tout

9

rallier et tout coordonner; cette institution vitale, c'est la Royauté. »

Et le lendemain :

« Ce qui est accueilli avec joie par la France entière doit, nous le savons, causer un mortel ennui aux partis qui se placent en dehors de la Constitution, et qui ont besoin, pour vivre, d'espérer un bouleversement. Nous ne sommes donc nullement étonnés de la mauvaise humeur qu'affichent les journaux légitimistes à la nouvelle de l'accouchement de la duchesse d'Orléans. *La bonne Étoile de notre Dynastie les désespère :* ils s'irritent, eux les organes d'un parti toujours si malheureux, de voir comment toute difficulté s'aplanit, toute chance heureuse arrive pour la branche cadette. Ils médiraient presque de la Providence, à *cette succession non interrompue de revers pour eux, de succès pour nous.*

« C'est de leur part une bien maladroite tactique de rappeler, à propos de la naissance du Comte de Paris, ce qui s'est fait et ce qui s'est dit, en 1820, à propos de la naissance de l'enfant du miracle. Mais c'est aussi *une bonne Leçon pour nous,* et nous désirons qu'on en profite. »

Continuons les récits du même journal, les jours suivants :

« Voici la réponse que le Roi a faite hier au discours de M. le préfet de la Seine :

« Je suis bien touché des sentiments que me témoigne la ville de Paris dans cette circonstance, et dont vous êtes le digne organe. Il m'est bien doux de pouvoir présenter à la ville de Paris le premier rejeton de mes enfants en ligne directe, le fils aîné de celui qui est appelé, après moi, à répondre au vœu national, et à en assurer l'accomplissement. Je jouis de voir se consolider de plus en plus le choix de 1830, et la France préservée des dangers inséparables de toute vacance du trône, par *cette suite d'héritiers que m'accorde la Providence*, et qui garantit à la fois la transmission du trône, le maintien de nos lois, de nos libertés, et la durée de ce repos et de cette sécurité, si nécessaires au bonheur de la nation. Pour moi personnellement, j'éprouve une satisfaction toute particulière à faire porter à mon petit-fils le titre de Comte de Paris. *Enfant de Paris*, comme moi, il jouira de l'avantage de pouvoir porter un titre qui le rattache à notre ville natale, à la population au milieu de laquelle j'ai été élevé comme il le sera; titre qui manifeste à tous l'affection que je porte à la ville de Paris, et combien j'apprécie les efforts généreux qu'elle a faits, dans tous les temps, pour défendre les libertés publiques. C'est le patriotisme dont elle a donné tant de preuves à la France, c'est le dévouement qu'elle a montré dans les circonstances les plus difficiles, c'est enfin le courageux appui que j'ai toujours trouvé en elle, qui a fortifié la confiance dans la stabilité de ma race en la fondant sur la défense et le maintien de nos institutions. »

(Ici S. M. est interrompue par les cris de *vive le Roi!*)

« Je vous remercie du don que vous m'annoncez pour mon petit-fils. J'espère que les paroles dont vous l'accompagnez seront gravées dans sa mémoire, que cette épée sera dans ses mains la garantie de la paix, et que, toujours prêt à l'employer pour préserver notre honneur national de toute atteinte et notre territoire de toute invasion, cependant *elle ne sortira jamais du fourreau qu'à bonnes enseignes;* et que si elle en sort, ce sera toujours pour hâter le terme des maux de la guerre, et pour faire jouir la France de la plus douce et de la plus belle des conquêtes, la conquête de la paix. »

(De nouvelles acclamations retentissent dans la salle.)

« Lorsque le Roi eut cessé de parler au conseil municipal de Paris, et que les membres de ce corps l'eurent salué, quelques-uns d'entre eux s'étant approchés de S. A. R. le duc d'Orléans pour lui faire agréer leurs félicitations :

« Je suis heureux, leur dit-il, de pouvoir joindre l'expression de mes sentiments à ceux que le Roi vient de vous faire entendre. J'aime à vous assurer que mon fils sera élevé, *non comme on élevait les enfants autrefois,* mais avec les idées et les mœurs de notre époque ; je ferai en sorte qu'il apprenne de bonne heure que c'est par le mérite, par les talents, par le courage, par les vertus enfin que l'on gagne le cœur des Français ; je m'efforcerai enfin de le rendre digne de ses concitoyens, digne de vous, qui tous les jours donnez de si bons et si utiles exemples dans cette grande ville. »

« Voici, d'après le *Moniteur* de ce matin, les réponses du Roi dans la réception de samedi :

« Le roi a répondu à **M.** Barthe, garde des sceaux, qui avait porté la parole au conseil d'État :

« J'accepte l'augure que vous me donnez pour mon petit-fils. J'ai la confiance qu'il jouira pleinement des fruits que nous commençons à recueillir, et que les temps d'orage et d'inquiétude que nous avons traversés ne se renouvelleront plus ; mais je désire qu'il y puise d'utiles leçons pour en prévenir le retour et en préserver son pays. C'est par elles qu'il apprendra à remplir, *après moi et mon fils, la grande tâche que la nation nous a imposée ;* qu'il se rendra digne de sa confiance et de son affection, et que, comme moi, il aura le bonheur de voir la France jouir, sous son règne, de ce repos et de cette prospérité qui font aujourd'hui la consolation de ma vie. »

« On annonce que le Prince nouveau-né sera baptisé dans le commencement du mois d'octobre.

« Monseigneur l'Archevêque de Paris disait à cette occasion (*) : « Il faut baptiser Monseigneur le Comte de Paris le 9 octobre ; c'est la fête de Saint-Denis, le patron des Gaules ! » (*Débats*.)

« Voici le discours que Monseigneur l'archevêque a adressé à Louis-Philippe à son entrée dans la Métropole :

« SIRE,

« Revêtue des riches ornements qu'elle doit à votre munificence, l'Eglise de Paris se réjouit avec la France catholique, c'est presque dire avec la France entière, du solennel hommage aujourd'hui rendu à sa foi ; elle accepte avec reconnaissance, au pied des autels de Marie, le gage d'espérance et de sécurité que votre présence, en ce jour d'actions de grâces, vient apporter à cette antique et sainte religion de vos pères, qui a fait toujours la gloire et le bonheur de notre nation.

« Sire, nos vœux ne sauraient demeurer cachés au fond de notre âme ; nous ne cessons de demander à Dieu, par l'intercession de son auguste mère, qu'il daigne abréger les temps, qu'il veuille hâter le moment de ses miséricordes, où tous les Français étant réunis dans les liens d'une même foi et dans ceux de la charité qu'elle inspire, il n'y ait plus parmi nous, selon la parole de Notre Seigneur Jésus-Christ et par la grâce de son cœur sacré, qu'un seul troupeau et qu'un seul pasteur. »

(*) On ne dira plus que l'Archevêque de Paris était intraitable, ou seulement de mauvaise grâce. Et cependant combien on l'avait fait malheureux avant ! combien il a survécu peu depuis !

« Louis-Philippe a répondu :

« C'est toujours avec empressement que je viens dans cette église rendre hommage au Tout-Puissant. Je suis heureux d'avoir contribué à réparer des désastres que mon cœur a profondément déplorés. En offrant mes actions de grâces à Dieu pour la protection spéciale dont il a couvert ma personne en tant d'occasions, j'ai doublement à le remercier dans cette circonstance où je viens *lui offrir de nouvelles actions de grâces pour la perpétuation de ma lignée et pour tous les bienfaits que sa main a répandus* sur la France, *sur ma famille et sur moi.* Je lui en demande la continuation, et c'est dans cette intention que je viens m'unir à vos prières et implorer la bénédction du Très-Haut pour la France et pour nous. »

C'est à toutes les *Providences... agréables* du roi de **1830** que son Premier Ministre, auquel tant de *Providences* agréables sont aussi arrivées, vient de faire une habile et éloquente allusion en présentant à la Chambre la *Loi de la Régence*, le 9 août..., le *Jour* même auquel un Premier Ministre d'un autre genre, M. Laffitte, *Résigna*, on peut le dire, la royauté de juillet au *Lieutenant-général* de Charles X (*).

Séance du 9 août.

« **M. LE PRÉSIDENT DU CONSEIL** monte à la tribune. (Mouvent d'attention.)

« Messieurs, nous venons, d'après les ordres du roi, soumettre à vos délibérations un projet de loi qui a pour objet de fixer en principe l'âge de majorité du roi, et de pourvoir,

(**) A cette *Séance*, soit disant *royale* (elle était démocratique), Louis-Philippe, après avoir *juré* la *Charte* de *Feu* M. Bérard, *monta sur un trône* improvisé, que Bonaparte avait assez bien défini : *Quatre planches de sapin recouvertes d'un velours.*

pendant la minorité, à l'exercice et au maintien de l'autorité royale.

« La Charte constitutionnelle ne contient aucune disposition sur ce grave sujet. En présence de *la plus brillante famille* qui se soit *jamais* rangée autour d'un trône, la France semblait en droit d'espérer qu'elle n'aurait pas de longtemps à s'en occuper. Nous avons été frappés tout à coup dans notre plus chère confiance. De *tous les malheurs qui pouvaient nous atteindre, nous avons subi le plus imprévu. Aucune* épreuve ne nous aura manqué dans notre travail de fondation d'un gouvernement libre et d'une dynastie nationale.

« Accomplissons, Messieurs, les devoirs que nous inspire cette mission douloureuse. *Dieu,* qui a couvert les jours du roi d'une protection si visible, nous conservera longtemps encore cette vie précieuse à la patrie.

« *Le roi lui-même, en s'inclinant sous les Décrets de la Providence*, a embrassé d'un œil ferme toutes les chances de l'avenir. Il s'est hâté de vous réunir autour de lui, et vous l'avez vu lutter contre sa douleur pour vous demander de *rassurer la France.*

« Répondons à ce noble appel : *montrons au monde que* LES COUPS LES PLUS RUDES *ne pourraient ébranler l'édifice* qui a résisté à tant d'épreuves. »

Seulement le : NE POURRAIENT ÉBRANLER! est beaucoup dire à la *Providence.....*

Bonaparte n'eût pas osé dire cela au seul *Destin.*

La Chambre des Députés provisoire ou définitive s'est exprimée avec le même embarras entre sa confiance en *Elle* et sa crainte de Dieu.

Le 8 août, M. Laffitte, président... *d'âge*, prend la parôle d'une voix émue. (Mouvement d'attention ; un profond silence s'établit.)

« Messieurs,

« Il y a douze ans, à pareille époque, la France venait d'accomplir sa glorieuse révolution et de reconquérir les prérogatives de sa souveraineté. Investie *par la gravité* des circonstances du droit de sanctionner la victoire du peuple et le triomphe des lois sur les prétentions de l'arbitraire, la Chambre, *en vertu de cette* souveraineté, pourvut à la *vacance* du trône et donna une Charte nouvelle au pays.

« Je me rappelle avec bonheur que je fus, en ce jour solennel, l'organe des loyales espérances de la France, en même temps que du vote constitutif de ses mandataires. Nous ne tînmes *nul compte* alors des craintes et des conseils d'une prudence qui nous paraissaient exagérés *tant nous étions préparés à la catastrophe douloureuse qui nous a frappés si inopinément dans notre confiance, dans notre sécurité, dans nos institutions !*

« Permettez-moi, Messieurs, de dédaigner ici les précautions d'une politique vulgaire, dont le courage consiste à se taire. La mort de Monseigneur le duc d'Orléans, prince que ses nobles et belles qualités feront regretter à jamais, laisse le champ libre à toutes les conjectures comme à *toutes les éventualités ;* et la législature de 1842 a reçu *des événements* la double mission de raffermir la *foi ébranlée du pays* (interruption. Oh ! oh ! murmures au centre) et de *reprendre l'œuvre inachevée de* 1830. »

« M. Sauzet, président de la Chambre (à la majorité absolue de *deux* cent *treize* voix), monte au fauteuil, donne à M. le doyen d'âge l'accolade de courtoisie, et s'exprime ainsi :

« En exprimant mes remerciments à la Chambre pour la haute confiance dont elle vient de m'honorer, je me reporte aux graves pensées qui préoccupent tous les esprits.

« Cette législature s'est ouverte au milieu d'un deuil profond. Au moment même où la France proclamait *ses nouveaux élus, un coup terrible et imprévu la frappait dans ses plus chères espérances.*

« Le pays tout entier est ému..... »

Et la Chambre entière vient de dire au Roi :

« SIRE, ... Vous avez perdu un fils, *la France a perdu un règne. La Providence vous force à la bénir encore...* Les grands sentiments nationaux sont les grandes forces. La France *veut* être libre, forte, *Eternelle ; à chaque crise* qui la menace ou qui l'ébranle, *elle grandit* et s'affermit *sur elle-même. Il est beau de voir un* tel *peuple s'incliner religieusement sous la Main de Dieu;* puis, après avoir porté le deuil et fermé avec vous *la tombe ouverte si prés du trône,* reprendre sa tâche interrompue par la mort.... »

Il serait plus *beau de voir* la Chambre des Députés de ce *peuple* et ses poètes *d'un jour,* réserver *l'Eternité* à Dieu !

NOTE (9) DE LA PAGE 78. — (Voyez-la à la fin.)

NOTE (10) DE LA PAGE 79.

M. de Maumigny a été plutôt frappé de la comparaison entre *les deux victimes :*

« En présence de ces catastrophes si semblables par le danger, si diverses dans leurs suites, qui n'entend cette voix tonnante : *C'est moi qui tue et qui fais vivre ; je frappe et je guéris ; je suis seul, et il n'y pas d'autre Dieu que moi !* (DEUTER., XXXII, 9.)

« La mort du duc de Berry offre des rapprochements plus satisfaisants encore.

« Lui aussi était sur les marches du trône; lui aussi avait des amis qui faisaient reposer sur sa tête l'avenir et le salut de la France; lui aussi mourait jeune *à la porte du palais de ses parents*, ayant à peine le temps d'accourir pour lui fermer les yeux. Là, pareillement, un vieux roi dont toutes les espérances étaient soudainement brisées; un père, un frère, une sœur au désespoir; une princesse arrosée de sang et qui baignait un mourant de ses larmes. Mais, plus heureux, le duc de Berry pouvait répondre à la voix de ses proches, à la voix du prêtre qui lui montrait cette dernière couronne suspendue dans les cieux, et qui ne se brise pas avec les fragiles couronnes de la terre. Mais, entre Dieu et lui, le duc de Berry voyait le bras d'un homme; il avait la consolation de pardonner à son assassin, et d'entendre un écho du ciel murmurer à son oreille : *Bienheureux les miséricordieux, parce qu'ils obtiendront miséricorde* (MATT. v, 7).

« Combien ces deux morts sont fécondes en grandes et terribles leçons !

« Le duc de Berry ! le duc d'Orléans ! il n'y a pas là seulement deux hommes, mais deux dynasties, mais deux sociétés, avec leurs vertus et leurs défauts, amenées au tribunal *du Roi des Rois et du Seigneur des Seigneurs*.

« L'une frappée dans l'ombre par l'athéisme, comme le duc de Berry.

« L'autre, vingt fois préservée, comme le duc d'Orléans, se fiant comme lui dans son habileté, et trouvant dans la mort de ce prince un triste présage.

« L'une frivole et légère, avide de plaisirs, faible contre les méchants, et, toutefois, généreuse, croyante et soumise, était fille légitime des siècles de Foi, mais fille dégénérée depuis la régence.

« L'autre plus sérieuse et plus grave, insatiable de richesses et de lumières, de mouvement et d'indépendance, impatiente du joug divin, pleine d'une confiance superbe en elle-même, idolâtre de sa raison, descend en ligne directe de la philosophie, fille elle-même du protestantisme, Bossuet et Leibnitz ont vu son enfance et prévu ses progrès ; et Louis XIV, en présence du berceau, l'unique espoir de sa race, a pu pressentir les destinées d'une maison rivale, préparée dès lors au mandat qu'elle acceptait un siècle après, et dont elle était si loin de soupçonner toutes les charges et tous les soucis.

« Le duc de Berry meurt quand Dieu s'apprêtait à châtier la société dont il était le représentant.

« Le duc d'Orléans quand le libéralisme, qui l'avait adopté, a fait son temps.

« J'en prends à témoin ces milliers d'hommes qui quittent les clubs pour les autels de MARIE, pour ces autels où j'ai vu tant de fois, seule et sans faste, une reine exilée, où j'ai vu Marie-Christine prier avec la foule pour le salut de l'Espagne ! J'en prends à témoin cette jeunesse qui déserte la bannière de la philantropie pour celle de la charité ; cette société de Saint-Vincent de Paul, répandue par toute la France, qui instruit, soulage, nourrit le pauvre au nom de JÉSUS-CHRIST, que, hier encore, on voyait rassemblée si nombreuse sous la présidence d'un archevêque et sous la bannière du Crucifié ; j'en atteste les Bussière et les Ratisbonne, plus encore que les Damas et les La Ferronays ; j'en atteste les douleurs et la foi de Neuilly, plus encore que les douleurs et la foi de Goritz ; j'en prends surtout à témoin cette chapelle qui va remplacer la boutique de l'épicier.

« Le libéralisme est condamné, non par les hommes,
mais par Dieu même qui dirige tout, avec force et douceur,
vers un meilleur avenir; le libéralisme est condamné, car
ses défenseurs, ses doctrines, ses fêtes et jusqu'à son nom
lui échappent.

« Que les royalistes se gardent donc bien de lui em-
prunter les tronçons de ses armes brisées; qu'ils se gardent
de s'engager dans des voies battues par la foudre; ne voient-
ils pas la souveraineté du peuple aux prises avec un Dieu
jaloux de sa gloire et qui s'inquiète fort peu des intentions
et des petites manœuvres des partis !

« Comparez la vie, l'éducation, les antécédents, les opinions, les défauts et les qualités des deux princes; le jour,
l'heure, le lieu, le genre et les circonstances si frappantes de
leur mort; le vide que chacun en son temps a laissé dans le
monde; et, bien aveugle qui n'y peut voir qu'un crime isolé,
qu'un accident ordinaire et sans rapports avec les secrets
jugements de Dieu sur la France!

« En face d'un corps sanglant, des douleurs d'une famille si profondément affligée, des larmes d'amis dévoués,
la plume s'arrête... Montrons du moins la douleur publique
environnant leur cercueil, et le linceul voilant les opinions
de l'homme politique, pour ne laisser voir que les qualités
aimables et généreuses du prince français.

« Montrons ces princes mourant l'un et l'autre entourés
des secours de la religion et des ardentes prières de leurs
proches.

« Le duc de Berry, toutefois, ostensiblement fortifié par
les ministres d'une religion reconnue publiquement par
l'État.

« Le duc d'Orléans ne recevant que des consolations
incertaines, cachées, comme le culte maintenant relégué dans

l'intérieur muré de la famille et que l'Etat ne reconnaît plus.

« Laissant l'un et l'autre des orphelins.

« Quel sera l'avenir? Dieu seul le sait.

« Mais ce que nous savons, c'est que la France ne peut vivre sans Dieu, sans roi, sans mœurs et sans union : c'est *que toute maison divisée périra, et que tout royaume divisé sera détruit.* »

NOTE (11) DE LA PAGE 80.

« Le duc et la duchesse de Berry profitèrent d'un entr'acte pour visiter dans leur loge monseigneur le duc et madame la duchesse d'Orléans. Monseigneur le duc de Berry caressa les enfants, *et joua avec le petit duc de Chartres.* Témoin de cette union des princes, le public applaudit à diverses reprises. »...... Et après l'assassinat : « Monseigneur le duc d'Orléans, madame la duchesse d'Orléans, mademoiselle d'Orléans qui s'étaient rencontrés au spectacle, n'avaient pas quitté le prince : le père du duc d'Enghien arriva à son tour. »   (M. DE CHATEAUBRIAND.)

NOTE (12) DE LA PAGE 81.

Le duc d'Orléans, jouant, en 1830, *à l'âge de vingt ans*, un rôle actif et hardi (*) contre son cousin le

(*) On lit dans les *Débats :*

« En 1839, M. le colonel de Gouy, commandant le 1er régiment de hussards, s'occupait, conformément aux ordres du ministre de la guerre, de rédiger l'historique de ce corps : il dut réclamer le concours des anciens colonels et s'adressa en conséquence à S. A. R. M. le duc d'Orléans.

duc de Bordeaux; — le duc de Bordeaux jouant, *au même*

« Voici un passage de la lettre que lui répondit M. le duc d'Orléans :

« Dans ma pensée, l'historique d'un régiment écrit pour le soldat et par un soldat doit avoir un cachet guerrier, une couleur militaire, et ne rappeler que des souvenirs auxquels la politique soit complétement étrangère. Dans les événements où la politique joue un rôle principal, l'écrivain doit extraire de l'ensemble des faits qui appartiennent à l'histoire générale du pays, la partie exclusivement militaire.

« Ainsi, ce qui s'est passé en juillet 1830, *lorsque je fis prendre la cocarde tricolore à mon régiment*, ne me paraît pas devoir être rapporté en détail ; ce sont des *résolutions politiques qui me furent propres, et* **DONT J'ASSUMAI DÈS LORS LA RESPONSABILITÉ SUR MOI** ; sous le point de vue militaire, elles ne prouvent que la *bonne discipline* du corps et une confiance dans son jeune chef qui m'a vivement touché, et qui porta le *régiment tout entier à se lancer avec moi* (au milieu d'une crise dont le dénoûment était incertain et *inconnu*) dans *le parti national auquel nous fûmes les premiers de l'armée à nous joindre.* Les particularités de cette circonstance ne me paraissent pas devoir trouver place ailleurs que dans *ma biographie.*

« Dans l'historique du régiment, le fait matériel du départ du régiment, le 1er *août*, de Joigny pour Paris, me semble seul devoir être relaté. J'exécutai pour cette marche l'ordre qui m'avait été donné, au nom du lieutenant général du royaume par le général Gérard, commissaire provisoire au département de la guerre. Je remis au régiment, avant de partir, un étendard tricolore donné par la ville de Joigny, et *nous arrivâmes à Paris sans laisser un homme ni un cheval en arrière pendant une marche précipitée que la chaleur et l'accueil empressé des populations rendaient encore plus pénible.*

« L'arrivée du 1er hussards à Paris, où il fut *la première troupe régulière qui parut portant la cocarde tricolore* (car la garnison de Paris ne sortait pas de ses casernes), fut le signal de la réconciliation de la population et de l'armée, et ce *résultat si important*

âge, à treize années de là, un rôle à la fois généreux et national (*).

s'opéra sans que la discipline militaire de mon régiment reçut la plus légère atteinte au moment où toute l'armée était ébranlée.

« Porté à six escadrons, le régiment fut ensuite l'un des premiers à assurer le maintien de l'ordre en donnant à la force morale de la garde nationale *la force matérielle* que l'armée seule pouvait lui apporter. »

Le Duc de Chartres, à la tête de ce 1er *de Hussards* que lui avait confié Charles X, courait *brides abattues* sur Paris le 1er *Août*...

C'était déjà un *Dimanche !*...

A treize ans de là, jour pour jour, il gisait au cercueil dans cette *Notre-Dame* où il n'eût pas été en sûreté et où il ne songea pas à venir rendre gloire à Dieu *le 3 août* 1830, jour de son entrée triomphale à Paris !

(*) On a reçu en effet, pendant le séjour du duc d'Orléans à Notre-Dame (dans les premiers jours d'*août*), une lettre du duc de Bordeaux, à la date du 28 *juillet*, où l'on lit :

« A la nouvelle du triste événement dont vous me parlez dans votre dernière lettre, *ma première pensée a été de prier* et de faire prier pour celui qui en a été la malheureuse victime. J'ai été plus favorablement traité l'année dernière, et j'en rends d'autant plus de grâces à la Providence, que j'espère qu'elle ne m'a conservé la vie que pour la rendre un jour utile à mon pays. Quel que soit le cours des événements, ils me trouveront toujours prêt à me dévouer à la France et à tout sacrifier pour elle. »

Dès le 19 juillet, il s'était passé dans l'exil une scène touchante.

On lit dans la *France* :

« Nous empruntons à une lettre que nous recevons de Kirchberg, en date du 24 juillet, les détails suivants :

« L'auguste fille de Louis XVI partira pour Tœplitz le 1er août.

« Mgr le duc de Bordeaux est parti le 16 juillet pour les eaux de Tœplitz. La santé de Monseigneur est parfaite. S. A. R. sera de retour ici le 10 août.

« La nouvelle de l'événement du 13 juillet est arrivée à Kirchberg le 18, par une estafette envoyée de Vienne.

Note (13) de la page 81.

« Le *Cheval* en général, le cheval seul, selon saint Augustin, est l'image du monde, de ses dignités orgueilleuses, de la vanité qui y règne. Les chutes de cheval sont l'image des grands du monde qui, par un renversement de fortune, perdent *en un moment* tout ce qui les élevait. »

Guillaume III est mort d'une chute de cheval.

Le *Char*, la *Calèche*, etc., est, de soi, plus *superbe :*

« Dieu a son chariot, disent les Pères, le démon aussi a le sien... Le *chariot* ou le carrosse (à la différence de la *charrue*) marque l'orgueil, à cause de l'élévation et du faste : et cette pensée doit humilier les personnes de piété, lorsqu'elles y montent, les chariots, selon saint Augustin, marquent *les biens d'ici-bas*, parce qu'ils sont dans UNE PERPÉTUELLE RÉVOLUTION. » (*Dictionnaire Chrétien où les Fidèles trouvent tous les sujets de méditation*, par Fontaine, in-4°, Paris, 1715 : l'année même de la mort de Louis XIV.)

Le programme suivant du *Moniteur* est ici une sorte de *Moniteur* en effet.

« Le cortége se composera, en avant, du *petit char* funèbre, qui doit servir au transport du corps de Paris à Dreux. Ce *char est en forme de voiture fermée*, se rapprochant du style Louis XIV. Il est couronné par une galerie de bronze

« La royale famille a plaint la douleur de la famille d'Orléans.

« Le lendemain, une messe a été célébrée pour le repos de l'âme du prince défunt.

« A cette messe funèbre, au moment de la communion, on a vu s'avancer au pied de l'autel, et prendre place à la sainte table, l'auguste héritier de Charles X, la fille de Louis XVI et la fille de Mgr le duc de Berry !!! »

argenté et ciselé. Le drap, tant à l'intérieur qu'à l'extérieur, est orné de broderies en soie noire et rehaussé de galons et broderies d'argent.

« Viendront ensuite : *le grand char funèbre*, se rapprochant, pour la forme, des corbillards en usage, mais construit avec un grand luxe et des attributs tout spéciaux. On y remarque d'abord deux figures allégoriques en argent, fermant l'extrémité du dôme et portant une armure-attribut garnies de plumes flottantes. Aux angles de l'impériale sont placés des casques antiques à plumes flottantes. Ce couronnement est porté par quatre génies ailés. Derrière les génies, des trophées de drapeaux tricolores, puis la draperie faîtière en velours noir, brodé et broché d'argent. Le drap mortuaire recouvrira le velours du cercueil. Les pentes du char descendront jusqu'à terre ; elles sont en velours magnifiques et présentent les plus riches dessins. Six chevaux noirs, entièrement cachés sous de longs camails dans le style des caparaçons du moyen-âge, traîneront le *char conduit par un cocher et un postillon en livrée de deuil*. Chaque pièce est armoriée au chiffre du prince.

« *Une voiture traînée par quatre chevaux*, contiendra un prie-dieu sur lequel sera déposée l'urne qui renferme le cœur de S. A. Deux ecclésiastiques, en prières, seront placés dans la voiture à côté du prie-dieu.

« *Deux autres voitures à quatre chevaux*, brodées et argentées de couronnements ciselés, sont destinées aux maréchaux de France et aux ministres.

« Seize voitures de deuil à deux chevaux fermeront la marche. Toutes ces voitures seront armoriées au chiffre du prince.

« *Le cheval de bataille* sera couvert d'un crêpe funèbre, et conduit par deux piqueurs portant le grand deuil de la maison royale. »

Le brancard improvisé pour porter à bras le prince de Sablonville à Neuilly, et surtout la *voiture*, les *chevaux* et le *cocher* mêmes qui le conduisaient, si plein de vie quelques heures avant, eussent figuré bien plus énergiquement en faveur de la royauté survivante...

La *Daumont* en question, c'était, ainsi que le pompeux cercueil du prince, le trône, selon Bonaparte : *Quatre planches de sapin recouvertes d'un velours.*

Note (14) de la page 83.

C'est alors que M. de Châteaubriand montait hardiment sur le derrière des voitures en jockey, disant que, *cette fois, c'était la place d'honneur.*

M. de Châteaubriand, qui fut si bien inspiré à la mort du Fils de France, l'a été assez mal aux dernières années de la Monarchie de France. Le jour même qu'à la tête du *Gouvernement provisoire*, M. Laffitte, qui *depuis proclama* que « la *liberté* (*) avait triomphé pour jamais », le 30 *juillet* enfin (c'était un *Vendredi*), le fameux Défenseur de la *Liberté de la Presse*, mère de toutes les *licences*, reconnu dans la rue du *Coq*, fut porté en triomphe *à ce titre*, jusqu'au Luxembourg.

Et, par une coïncidence analogue à celle du 13 *Juillet*, on écrit des Eaux de Néris au *Constitutionnel* qu'à l'*anniversaire* de cette ovation « M. le vicomte de Châteaubriand

(*) *La liberté !...* aujourd'hui c'est *la Mort ;* et M. Laffitte, ainsi qu'on sait, a eu l'insigne honneur de lui porter le premier *coin* en son triomphe le 30 Juillet 1842 !...

Quantum mutatus !

Et dites que *Dieu* ou *Rien* ne parle pas en tout et de toutes les façons à notre siècle parleur !

(lui aussi, au beau nom, seul de 13 lettres) a été renversé
sur le pavé par une voiture, et qu'*il a reçu au Front une
blessure* qui heureusement ne présente aucun danger. »

NOTE (15) DE LA PAGE 83.

« Un moment de calme suivit l'élargissement de la plaie :
les mourants près d'expirer éprouvent presque toujours un
soulagement qui leur laisse le temps de jeter un dernier
regard sur la vie ; c'est le voyageur qui s'assied un instant
pour contempler le pays qu'il a parcouru, avant de descendre le revers de la montagne. Le prince tenait la main
de M. Dupuytren, et le priait de l'avertir lorsqu'il sentirait
le pouls remonter ou s'affaisser : vigilant capitaine, il posait une sentinelle expérimentée pour n'être pas surpris
par la mort, et pour s'avancer courageusement au-devant
de ce grand ennemi : *Mors, ubi est victoria tua ?*

« Dans cet intervalle de repos, il adressa ces paroles à
madame la duchesse de Berry : « Mon amie, ne vous lais-
« sez pas accabler par la douleur ; ménagez-vous pour l'en-
« fant que vous portez dans votre sein. » Ce peu de mots
fit un effet surprenant sur l'assemblée : en présence de la
douleur on sent naître malgré soi un mouvement de joie ;
l'attendrissement redouble en même temps pour le prince
qui laisse à la patrie pour dernier bienfait cette dernière
espérance. Il s'en va ce prince ; il semble emporter avec
lui toute une monarchie, et à l'instant même il en annonce
une autre. O Dieu ! feriez-vous sortir notre salut de notre
perte même ? La mort cruelle d'un Fils de France a-t-elle
été résolue dans votre colère ou dans votre miséricorde ?
est-elle une dernière restauration du trône légitime, ou la
chute de l'empire de Clovis ? Le prince a-t-il fui l'avenir,

ou est-il allé en solliciter un plus favorable pour nous au‑
près de celui qui laisse quelquefois désarmer sa colère?

« Partout où monseigneur le duc de Berry tournait ses yeux à demi éteints, c'était pour donner une marque de bonté ou de reconnaissance : tandis que M. Blancheton lui pressait la tête, pour comprimer l'horrible douleur qu'il y éprouvait, il aperçut à quelque distance au pied de son lit des domestiques fondant en larmes : « Mon père, « dit-il à Monsieur, je vous recommande ces braves gens « et toute ma maison. »

« Des vomissements survinrent. Le Prince répéta plu‑ sieurs fois que le poignard était empoisonné. Quelque temps auparavant il avait demandé à voir son assassin : « Qu'ai-je « fait à cet homme? répétait-il; c'est peut-être un homme « que j'ai offensé sans le vouloir. »—« Non, mon fils, lui « répondit Monsieur : vous n'avez jamais vu, vous n'avez « jamais offensé cet homme; il n'avait contre vous aucune « haine personnelle. »—«C'est donc un insensé, » repartit le Prince. O digne enfant de l'Évangile, vous mettiez en pratique le dernier conseil du saint Roi de France à son fils : « Si Dieu t'envoie l'adversité, reçois-la bénignement ! »

« Il s'informait souvent de l'arrivée du Roi. « Je n'aurai « pas le temps, disait-il, de demander grâce pour la vie de « l'homme. »—Il ajoutait après, s'adressant tour à tour à son père et à son frère : « Promettez-moi, mon père, « promettez-moi, mon frère, de demander au Roi la « grâce de la vie de l'homme. »

« On a déjà raconté que monseigneur le duc de Berry, libre en Angleterre, avait eu une de ces liaisons que la Re‑ ligion réprouve, et que la fragilité humaine excuse. On peut dire de lui ce qu'un historien a dit de Henri IV : « *Il* « *était souvent faible ; mais toujours fidèle, et l'on ne s'a‑*

« *perçut jamais que ses passions eussent affaibli sa reli-*
« *gion.* » Monseigneur le duc de Berry, cherchant en vain,
dans sa conscience, quelque chose de bien coupable, et n'y
trouvant que quelques faiblesses, voulait, pour ainsi dire,
les rassembler autour de son lit de mort pour justifier au
monde la grandeur de son repentir, et la rudesse de sa pé-
nitence. Il jugea assez bien de la vertu de sa femme pour lui
avouer ses torts, et pour lui témoigner le désir d'embrasser les deux innocentes créatures, filles de son long exil.
« Qu'on les fasse venir, s'écria la jeune Princesse, ce sont
« aussi mes enfants. » Les deux petites étrangères arrivèrent au bout de trois quarts d'heure ; elles se mirent à genoux en sanglotant au bord du lit de leur seigneur, les
joues baignées de larmes et les mains jointes. Le Prince
leur adressa quelques mots tendres en anglais pour leur
annoncer sa fin prochaine, leur ordonner d'aimer Dieu,
d'être bonnes, et de se souvenir de leur malheureux père.
Il les bénit, les fit se relever, les embrassa ; et, adressant la
parole à madame la duchesse de Berry : « Serez-vous as-
« sez bonne, lui dit-il, pour prendre soin de ces orphe-
« lines? » La princesse ouvrit ses bras où les petites filles
se réfugièrent ; elle les pressa contre son sein, et leur faisant présenter MADEMOISELLE, elle leur dit : « Embrassez
« votre sœur. »—« Pauvre Louise, s'écria alors monsei-
« gneur le duc de Berry, en s'adressant à la plus jeune,
« vous ne verrez plus votre père ! » On était partagé entre
l'attendrissement pour le Prince, et l'admiration pour la
Princesse. Madame la vicomtesse de Gontaut, qui n'était
pas prévenue, paraissait étonnée. MADAME s'en aperçut, et
lui dit : « Elle sait tout ; elle a été sublime. »

« Cependant on étendit le Prince sur un matelas à terre.

tandis qu'on remuait sa couche. Ce fut là qu'il se confessa d'abord en particulier à monseigneur l'évêque de Chartres, et qu'il fit ensuite à haute voix un aveu public de ses fautes : on aurait cru voir Saint-Louis expirant sur son lit de cendre. Il demanda pardon à Dieu de ses offenses et des scandales qu'il avait pu donner. « Mon Dieu, ajouta-t-il, « pardonnez-moi, pardonnez à celui qui m'a ôté la vie ! »

« Il demanda ensuite à son père sa bénédiction. « *Lors le* « *doux père remit et pardonna au fils les défauts et courroux,* « *et avec merveilleuse ferveur de foi lui donna sa bénédic-* « *tion, et entre ses saints baisers le salua et à Dieu le re-* « *commanda.* » Ces princes trouvaient tous les exemples dans leur famille.

« Le mourant étant remis sur son lit, monseigneur le duc d'Angoulême se replaça à genoux à ses côtés. « Ah ! « mon frère, dit le Machabée chrétien, vous qui êtes un « ange sur terre, croyez-vous que Dieu me pardonne ? — « Vous pardonner ! répondit monseigneur le duc d'An- « goulême, il fait de vous un martyr ! » Un rayon de joie parut sur le front du Prince mourant ; il ne douta point qu'un frère si pieux ne connût les desseins de la Provi- dence, et il se reposa de son bonheur sur la foi du juste.

« Alors le curé de Saint-Roch, que M. le comte de Clermont avait été chercher, arriva avec les saintes huiles : partout où l'on trouve une douleur, on rencontre un prêtre chrétien. Monseigneur le duc de Berry demanda le Viati- que : l'évêque de Chartres lui dit avec un vif regret que les vomissements s'y opposaient. Le Prince se résigna, fit un signe de croix, et attendit l'extrême-onction. Il com- mença son *confiteor,* et frappa comme un coupable d'une main pénitente ce sein que le poignard semblait n'avoir ouvert que pour en faire sortir les innocents secrets, et d'où il ne s'écoulait que des vertus avec le sang de Saint-Louis!

« Le Prince voyait s'approcher sa dernière heure; il ressentait des douleurs cruelles, et tombait à tout moment en défaillance. On l'entendait répéter à voix basse : « Que « je souffre! que cette nuit est longue! le Roi vient-il ? » Il appelait souvent son père; et son père, étouffant ses sanglots, lui disait : « Je suis là, mon ami. » On lui apprit que les maréchaux étaient arrivés. « J'espérais, répondit-« il, verser mon sang au milieu d'eux pour la France. » Dévoré d'une soif ardente, il ne buvait qu'à regret, et seulement pour se soutenir jusqu'à l'arrivée du Roi. On lui annonça M. de Nantouillet. « Viens, mon bon Nantouillet, « mon vieil ami, s'écria-t-il en faisant un effort, que je « t'embrasse encore une fois! » Le *vieil ami* se précipita sur la main du Prince, et sentit amèrement l'impuissance de l'homme à racheter de ses jours les jours qu'il voudrait sauver.

« Les compagnons de M. de Nantouillet, M. le comte de Chabot, M. le marquis de Coigny, M. le comte de Brissac, M. le vicomte de Montélégier, M. le comte de Beaufremont, étaient accourus : ils se pressaient autour de leur Prince expirant, comme ils l'auraient environné au champ d'honneur. Leur douleur était partagée par les autres loyaux serviteurs attachés au reste de la Famille royale. M. le marquis de Latour-Maubourg se tint constamment debout au pied du lit de monseigneur le duc de Berry : ce guerrier qui avait laissé une partie de son corps sur les champs de bataille, était là comme un noble témoin envoyé par l'armée pour assister au dernier combat d'un héros.

« Nuit d'épouvante et de plaisir! nuit de vertus et de crimes! Lorsque le Fils de France blessé avait été porté dans le cabinet de sa loge, le spectacle durait encore. D'un côté on entendait les sons de la musique, de l'autre les soupirs du Prince expirant; un rideau séparait les folies du monde de la destruction d'un empire. Le prêtre qui apporta les saintes huiles traversa une troupe de masques. Soldat du Christ, armé pour ainsi dire de Dieu, il emporta d'assaut l'asile dont l'Eglise lui interdisait l'entrée, et vint, le crucifix à la main, délivrer un captif dans la prison de l'ennemi.

« Une autre scène se passait près de là : on interrogeait l'assassin. Il déclarait son nom, s'applaudissait de son crime; il déclarait qu'il avait frappé monseigneur le duc de Berry pour tuer en lui toute sa race; que si lui, meurtrier, s'était échappé, il serait allé *se coucher*, et que le lendemain il eût renouvelé son attentat sur la personne de monseigneur le duc d'Angoulême. *Se coucher!* Pour dormir! Malheureux! votre bienveillante victime avait-elle jamais troublé votre sommeil? Dans la suite de son interrogatoire, cette brute féroce, sans attachement même sur la terre, a déclaré que Dieu n'était qu'un mot, qu'elle n'avait d'autre regret que de n'avoir pas sacrifié toute la Famille Royale. Et le prince expirant, plein de tendresse et d'amour, n'a d'autre regret que de ne pouvoir sauver la vie de son meurtrier, et il n'accuse personne, et sa rigueur ne tombe que sur lui-même. Ce Prince, qui sait que Dieu n'est pas un mot, tremble de comparaître au tribunal suprême; le martyre lui ouvre les portes du ciel, et il ne se croit pas assez pur pour aller rejoindre le saint Roi et le Roi martyr : il ne peut trouver dans son innocence l'assurance que l'assassin trouve dans son crime. Voilà les hommes tels que la révolution les a faits, et tels que la religion les faisait autrefois.

« La foule s'était écoulée du spectacle : le plaisir avait cédé la place à la douleur. Les rues devenaient désertes :

le silence croissait; on n'entendait plus que le bruit des gardes et celui de l'arrivée des personnes de la cour : les unes, surprises au milieu des plaisirs, accouraient en habits de fêtes; les autres, réveillées au milieu de la nuit, se présentaient dans le plus grand désordre. Çà et là se glissaient quelques obscurs amis des Bourbons qu'on ne voit point dans les temps de la prospérité, et qui se retrouvent, on ne sait comment, au jour du malheur. Les passages conduisant à l'appartement du Prince, étaient remplis : on se pressait à ces mêmes portes où l'on s'étouffe pour rire ou pour pleurer aux fictions de la scène. On cherchait à découvrir quelque chose lorsque les portes venaient à s'ouvrir; on interrogeait ses voisins, et par des nouvelles subitement affirmées, subitement démenties, on passait de la crainte à l'espérance, de l'espérance au désespoir.

« Trois bulletins avaient été portés aux Tuileries. A cinq heures le Roi arriva; on l'avait toujours rassuré sur la position du Prince. Le mourant qui avait entendu le bruit des chevaux dans la rue, parut revivre. Le Roi entra. « Mon « oncle, dit aussitôt monseigneur le duc de Berry, donnez-« moi votre main, que je la baise pour la dernière fois. » Le Roi s'avança; son visage exprimait cette majestueuse douleur que ressentit Louis XIV lorsqu'il vit l'espoir de la monarchie reposer sur la tête d'un enfant. Il donna sa main à baiser à son neveu, et baisa lui-même celle du Prince infortuné. Alors monseigneur le duc de Berry dit au Roi : « Mon oncle, je vous demande la grâce de la vie de « l'homme. » Le Roi, profondément ému, répondit : « Mon « neveu, vous n'êtes pas aussi mal que vous le pensez, « nous en reparlerons. » —« Le Roi ne dit pas *oui*, reprit « le Prince en insistant. Grâce au moins pour la vie de « l'homme, afin que je meure tranquille ! »

« Revenant encore sur le même sujet, il disait : « La
« grâce de la vie de cet homme eût pourtant adouci mes
« derniers moments. » Enfin, lorsqu'il ne pouvait déjà parler que d'une voix entrecoupée, et en mettant un long intervalle entre chaque mot, on l'entendait dire : « Du moins
« si j'emportais l'idée.....que le sang d'un homme..... ne
« coulera pas pour moi après ma mort!.....»

« Le Roi demanda en latin à M. Dupuytren ce qu'il pensait de l'état du Prince. M. Dupuytren fit un signe qui ne
laissa au monarque aucune espérance.

« Monseigneur le duc de Berry avait pourtant rassemblé
le reste de ses forces sous les yeux du chef de son auguste
Maison. Le pouls s'était ranimé, la parole était plus libre,
l'étouffement moins violent. Le Prince s'inquiéta du mal
qu'il avait pu faire au Roi en troublant son sommeil. Il le
supplia de s'aller coucher. « Mon enfant, répondit le Roi,
« j'ai fait ma nuit; il est cinq heures. Je ne quitterai plus. »
Le jour en effet était venu pour éclairer un si beau trépas :
le Prince allait se réveiller parmi les anges, au moment où,
parmi les hommes, il avait accoutumé de sortir du sommeil.

« Monseigneur ne s'était point abusé sur sur le soulagement apporté à son état par la vertu de cette présence du
Roi, qui ranime toujours un cœur français. Il sentit approcher une défaillance, et dit : « C'est ma fin. »

« Madame la duchesse de Berry, qui depuis si longtemps
faisait violence à sa douleur, la laissa enfin éclater. « Ses
« sanglots me tuent, s'écria le Prince; emmenez-la, mon
« père! » On entraîna la Princesse dans le cabinet voisin.
Toutes les dames attachées à sa maison, madame la duchesse de Reggio, madame la comtesse de Béthisy, madame
la comtesse d'Hautefort, madame la comtesse de Noailles,

madame la comtesse de Bouillé, madame la vicomtesse de Gontaut l'environnèrent. La Princesse fut un peu soulagée par ses larmes : elle promit de ne plus pleurer, et rentra dans l'appartement du Prince.

« Si, dans quelques parties de l'Europe civilisée, on eût demandé à un homme un peu accoutumé aux choses de la vie, ce que faisait à cette heure la Famille Royale de France, il eût répondu sans doute qu'elle était plongée dans le sommeil au fond de ses palais, ou que, surprise par une révolution, elle était entraînée au milieu d'un peuple ému. Non: tout ce peuple dormait sous la garde de son Roi, et le Roi veillait seul avec sa famille ! Après tant de scènes produites par la révolution, nul n'aurait imaginé d'aller chercher tous les Bourbons réunis, au lever de l'aube dans une salle de spectacle déserte, autour du lit de leur dernier fils assassiné. Heureux l'homme ignoré du monde, qui se réveille dans une chaumière, au milieu de ses enfants que ne poursuit point la haine, et dont aucun ne manque aux embrassements paternels ! A quel prix faut-il maintenant acheter les couronnes, et qu'est-ce aujourd'hui qu'un empire?

« Tout espoir s'évanouissait ; les symptômes les plus alarmants étaient revenus. Le découragement des médecins était visible : la mort arrivait. Le Prince demanda à être changé de côté : les médecins s'y opposèrent ; le Prince insista. On l'entendit prononcer à voix basse ces derniers mots : « Vierge sainte ! faites-moi miséricorde. »

(Mémoires touchant la vie et la mort de Charles-
Ferdinand, duc de Berry, 1820.)

NOTE (16) DE LA PAGE 83.

A M. le Rédacteur du *Courrier français*.

Paris, le **18** juillet.

« Monsieur,

« Le puissant intérêt avec lequel on recherche tous les détails de la mort du prince que pleure la France m'engage à rétablir certains faits et à y joindre quelques circonstances auxquelles on n'a même jusqu'ici fait aucune allusion.

« Je suis du petit nombre des visiteurs qui ont été admis le **14**, à dix heures du soir, dans la chambre où le duc d'Orléans a rendu le dernier soupir; et c'est de la bouche des deux vieillards locataire et propriétaire de la maison que je tiens ce que je vais rapporter.

« Ce n'est point en face du n. **4**, mais à cinquante pas plus loin, presque à l'angle du chemin de la Révolte et de la route du Palais de Neuilly, que l'accident est arrivé. Il n'y avait *dans ce moment personne* sur la voie publique; mais Lecordier (*) avait vu la calèche passer avec une éblouissante rapidité, et, dans la prévision d'un malheur, il était sorti sur la chaussée.

« C'est lui qui a relevé le prince et qui, aidé par deux ouvriers, l'a transporté dans sa demeure, quoiqu'il y ait en face et tout près des habitations de belle apparence. La

---

(*) Philippe-Auguste, mort un 1 4 *juillet*, avait eu un autre sauveur à pareil jour à la bataille de Bouvines, où il faillit être tué. Abattu, foulé aux pieds des chevaux, blessé à la gorge, un seigneur de la maison d'Estaing, nommé *Déodat* (Dieudonné), le remonta et eut pour récompense les *livrées de France* avec les *armes au chef* d'or.

question de savoir où l'on se dirigerait n'a pas été un instant soulevée, on n'a parlé ni de lord Seymour ni des Anglais : Lecordier a *naturellement* pensé à porter chez lui le mourant. Il nous a affirmé qu'il ne connaissait pas le prince, que ce n'est qu'à l'entrée de la boutique que *deux gendarmes* accourus se sont écriés : C'est le duc d'Orléans.

« A Dieu ne plaise, monsieur le rédacteur, que mes paroles puissent blesser quelqu'un, mais je ne saurais résister au désir de décrire ces misérables lieux témoins d'une si cruelle fin.

« La maison élevée d'un seul étage a, sur la route, une *façade peinte en rouge* comme la plupart de celles où l'on vend du vin.

« La première pièce sert de boutique ; quelques tiroirs, des paquets de drogues au-dessus d'un pauvre comptoir qui resserre le passage : voilà l'ameublement ; c'est la partie réservée à l'épicerie.

« Une petite porte pleine conduit à une arrière-boutique : c'est là qu'est mort le prince royal de France.

« Une table couverte de toile cirée *pour les buveurs,* deux chaises, un petit poêle en faïence avec un tuyau en zig zag au milieu, quelques vases de cuisine accrochés à la muraille nue, *un vieux fusil,* deux chandeliers de cuivre sur une large cheminée en pierre dénoircie, remplie par un fourneau, où les époux Lecordier font habituellement leur cuisine : telle est la composition de cette chambre de douze pieds carrés.

« C'est entre le poêle et le mur du fond, sur deux matelas (sans bois de lit) descendus à la hâte, que l'illustre blessé a été déposé, la tête près du fourneau, les pieds près d'une seconde porte qui donne sur un escalier. Et tout cela éclairé par une croisée délabrée, dont la partie inférieure seule se lève à coulisses, sur *une cour où un fumier fétide couvre ou peut-être remplace le pavé.*

« Ne serait-ce pas plutôt *ouvrez les portes* que le malheureux prince a pu dire, car nous n'étions que huit, et *nous avions peine à respirer;* et le 13, à une heure, il y avait plus de soixante personnes dans cette affreux réduit!

« Le duc d'Orléans ne paraît pas avoir *eu un seul instant* sa connaissance, mais il avait les *yeux ouverts, secs et fixés;* il n'est pas vrai qu'il ait rendu du sang quand on le transportait.

« Je m'en serais aperçu, répondait Lecordier; la tête du prince était appuyée sur mon épaule. »

« Mais ce qu'on n'a pas dit, *un vomissement* assez abondant a paru le soulager : c'est alors qu'est venu ce mouvement hélas! si court d'espérance !

« Et ces bonnes gens nous retraçaient le tableau déchirant de la famille royale entourant le mourant : la reine, d'abord assise, s'est bientôt précipitée au pied du lit dans une angoisse inexprimable; la princesse Clémentine, au chevet, tenait la main de son royal frère dans la sienne, Mademoiselle d'Orléans, la duchesse de Nemours venue la dernière, toutes agenouillées, ainsi que leurs dames, *sur un pavé dégradé, sanglant,* au milieu de linges tachés et de médicaments; le roi, debout, dominant par son calme héroïque cette scène sublime et terrible. Quand tout a été fini, le corps est sorti par la cour, à laquelle une porte cochère donne issue sur la route. La reine, suspendue au bras du roi, les princesses se soutenant entre elles, et toute la foule des prêtres, des médecins, des officiers, des ministres suivant, abîmés dans leur douleur.

« Je vous garantis l'authenticité de ces détails.

« Agréez, etc.   « CHARLES. »

M. le docteur Vincent Duval vient de publier la note
suivante :

« Appelé le premier auprès du prince royal après sa funeste chute, je crois devoir publier le récit détaillé des circonstances qui ont accompagné sa mort. Dans la précipita-
tion du moment, quelques faits ont été omis ou dénaturés.
Je garantis l'exactitude de ceux qui suivent.

« A mon arrivée dans la maison où l'on avait porté le
prince, je trouvai déjà auprès de lui M. Not, qui était venu
sur les lieux au moment de l'accident. M. Ley arrivait en
même temps que moi. Nous fûmes les seuls médecins qui
assistèrent le blessé de onze heures et demie à une heure ;
c'est à cet instant qu'arriva M. le docteur Putel, de Neuilly.
Le prince était étendu sur deux matelas.

« La tête, penchée sur la poitrine, se balançait alternati-
vement à droite et à gauche, selon les mouvements qu'on
imprimait au corps. La respiration était profonde et suspi-
reuse ; les yeux à demi fermés, le regard éteint, *comme celui des agonisants.*

« Après avoir enlevé les vêtements du prince et l'avoir
placé convenablement, nous examinâmes ses membres et la
voûte du crâne, et nous ne trouvâmes aucun signe *sensible*
de fracture, ni crépitation, ni saillie, ni dépression. La région frontale présentait une contusion s'étendant de la racine des cheveux au sourcil droit. La face dorsale du corps
de la main gauche offrait également des traces de contusion
et d'un gonflement très-notable ; il y avait du sang dans la
bouche et dans l'oreille droite.

« Les premières indications ayant été remplies, on pra-
tiqua une saignée qui amena peu de changement. Cependant le pouls se releva et le malade exécutait quelques
mouvements. *Le prince cherchait surtout à détacher la*

bande de la saignée, et certains indices portaient à croire qu'il était vivement sollicité par le besoin de satisfaire la fonction urinaire. La région hypogastrique était légèrement météorisée. Ces manifestations de sensibilité et d'intelligence *semblaient indiquer que le prince avait quelque conscience de son état.* Mais l'autopsie nous a fait connaître des lésions d'une telle gravité du côté du centre nerveux encéphalique, qu'*une seule d'entre elles* suffirait non seulement pour suspendre ou anéantir les facultés de relation, mais même pour être suivie instantanément de la mort. La violence du choc avait été telle que, si une partie de la force contondante n'avait été absorbée par l'ébranlement, la désarticulation et la fracture des os, le prince aurait été inévitablement *comme foudroyé* sous le coup.

« Nous avions donc devant nous tout l'appareil phénoménal qui caractérise les commotions cérébrales au *troisième degré,* c'est-à-dire une de ces *complications* chirurgicales contre lesquelles toutes les ressources de la science sont impuissantes. Quelles étaient l'étendue et la profondeur du mal? Fallait-il agir ou rester spectateur impassible de cette terrible scène à laquelle nous avons assisté pendant cinq heures? Hélas! l'autopsie est venue tristement révéler l'inutilité de nos soins. Le prince était perdu.

« Nous recourûmes aux lotions réfrigérantes sur la région frontale, aux aspirations stimulantes, aux frictions sèches. Le coma persistait; pas *un signe d'intelligence, toujours des mouvements automatiques. Il était midi.* Ce fut dans ce moment qu'arriva le roi, accompagné de la reine, de madame Adélaïde, de la princesse Clémentine, suivi de M. le maréchal Gérard, de MM. les lieutenants-généraux Athalin, Gourgaud, Rumigny et de M. Gabriel Delessert.

« La reine se précipita à genoux au pied du grabat où était étendu son malheureux fils. *Jamais* désolation et amour de mère n'éclatèrent en expressions plus déchirantes! Au milieu de cette scène de désespoir, le roi seul sut maîtriser sa profonde douleur; Sa Majesté demanda si l'on avait reconnu quelques fractures. Ce fut avec hésitation qu'une réponse négative fut donnée.

« Alors le roi, engageant les médecins à continuer leurs soins à son fils, s'approcha de la reine et chercha à la consoler et à la rassurer, en lui rappelant plusieurs *accidents semblables, qui lui étaient arrivés à lui-même.*

« Cependant l'état du malade allait toujours en s'aggravant; 60 sangsues furent appliquées à la base du crâne. Ce fut pendant cette opération que le prince prononça *quelques paroles fugaces*, sans suite et en allemand. *Il cherchait aussi à arracher les sangsues*, comme s'il était sensible à la douleur qu'elles causaient. Il était alors une heure et demie; des sinapismes furent appliqués.

« Le pouls, qui, avant la saignée, était bas, dépressible, filiforme, avait repris un rhythme presque normal; toutefois, la respiration devenait de plus en plus difficultueuse, bruyante, entrecoupée; l'illustre blessé s'agitait et exécutait des mouvements brusques. Bientôt les mouvements automatiques cessèrent pour faire place à un autre appareil de symptômes. Les membres inférieurs, qui jusqu'alors avaient été immobiles, flasques, devinrent le siège d'un *tremblement général*, auquel succédèrent des *contractions* désordonnées, *convulsives*.

« Les articulations se fléchissaient brusquement, puis s'étendaient par intervalles irréguliers. Peu à peu les mouvements devinrent moins fréquents et cessèrent enfin, laissant dans les parties comme une raideur tétanique. Je remarquai une tension dans les masseters et un mouvement spasmodiques des mâchoires. La respiration devenait stertoreuse, le pouls baissa de nouveau et devint filiforme..... l'anxiété et le découragement étaient sur tous les visages.

« La reine était toujours agenouillée au pied du lit de son fils mourant, *invoquant le Ciel, suppliant Dieu d'accorder un instant de connaissance à son fils.* En échange de ce bienfait, *elle offrait toute son existence.* Autour de cette reine, la meilleure des mères, se pressait son illustre famille, dont la consternation était non moins grande. Rien n'égalait la désolation du duc d'Aumale, qui s'écriait sans cesse : « Oh! quand Joinville saura ce malheur!.....» La désolation du duc de Montpensier était aussi bien vive.

« Le roi contemplait cette scène d'affliction avec une résignation plus poignante encore que toutes les douleurs. Le maréchal Gérard, les généraux Athalin, Gourgaud, Rumigny et M. le préfet de police Delessert veillaient à l'exécution de *tous les ordres que le roi donnait lui-même.* Leur activité suppléait à tout dans ce triste moment. Les médecins, profondément émus, osaient à peine lever les yeux sur ces grandes infortunes; car partout on ne rencontrait que des regards contristés qui interrogeaient, et *pas une lueur d'espoir* à offrir!

« MM. les ministres et de hauts fonctionnaires arrivèrent sur ces entrefaites. On introduisit aussi auprès du prince MM. les docteurs Destouches, médecin de la maison du roi à Neuilly, et Deschaumes des Thermes. Ils ne tardèrent pas à être suivis de MM. Pasquier fils, premier chirurgien du prince, et Pasquier père, premier chirurgien du roi, et quelque temps après de M. Blandin. M. Pasquier fils s'étant fait rendre compte de ce qui avait été fait, employa les moyens qu'on avait employés, procéda immédiatement à l'application d'un grand nombre de ventouses scarifiées et sèches sur le tronc et les membres. Des frictions éthérées et ammoniacales secondèrent ces moyens.

« Vers les deux heures, M. le curé de Neuilly (l'abbé Poirot du Roule était venu le premier), que la reine avait demandé à plusieurs reprises, vint administrer l'extrême-onction à S. A. R.

« L'état du prince continuait à s'aggraver, les *convulsions prirent une nouvelle intensité*, les membres, les inférieurs surtout, étaient agités de *mouvements convulsifs, violents ;* leurs muscles étaient le siége d'un *frémissement spasmodique continuel.* La respiration devenait de plus en plus difficile ; le *pouls radial disparut bientôt ;* et vers trois heures, on n'apercevait plus que vaguement les pulsations des carotides ; le *globe oculaire*, à demi voilé, était immobile, la pupille dilatée et fixe. Une ecchymose s'était déclarée autour de l'œil droit.

« On suspendit un instant toute médication ; le roi et la reine crurent voir dans cette détermination un indice de la fin prochaine du prince ; ils se précipitèrent soudainement vers leurs fils, l'embrassèrent à plusieurs reprises en sanglotant, et lui firent de touchants adieux. Puis les princes et les princesses vinrent aussi couvrir de leurs embrassements l'illustre mourant. La reine, au milieu de ses transports douloureux, répétait sans cesse : « Oh ! comment annoncera-t-on ce malheur à cette pauvre Hélène ! » Quelques moments après la duchesse de Nemours arriva, partageant la désolation de sa famille.

« La mort était imminente. Pendant cette longue, cette pénible agonie, on recourut encore à l'emploi de quelques moyens dérivatifs. Le pouls carotidien était extrémement faible, et même cessait d'être sensible par intervalles. Le visage pâle, les lèvres violacées. La respiration, devenue râleuse, allait aussi en s'affaiblissant, et était même suspendue par moments. *Plusieurs fois on crut le prince mort;* puis une inspiration profonde, luctueuse, arrachait du doute, et était de nouveau suivie d'une *suspension complète de tout phénomène vital.*

« Ce fut une lutte pénible et affreuse, dans laquelle on voyait cette précieuse existence se ruiner et s'éteindre dans les plus cruelles alternatives. Il y avait dans les oscillations de ce souffle mourant tant de hautes destinées !..... A quatre heures et demie l'auguste agonisant rendait le dernier soupir.

« Le clergé fut introduit, et tout le monde s'agenouilla... Nous avons vu là, *dans un misérable galetas, le plus triste et le plus solennel spectacle qu'on puisse contempler.* Le roi, la reine, princes et princesses, ministres de la couronne et ministres de Dieu, tous les plus grands dignitaires de l'État, agenouillés autour d'un grabat, sur lequel gisait l'héritier présomptif du trône de France, pour lequel, dans ce moment lugubre, on récitait les prières des morts.

« Il est impossible de dire toutes les douleurs qui, dans ce moment suprême ont éclaté. Il serait surtout difficile de dire laquelle des deux souffrances était la plus grande, ou de celle de cette reine qui, comme mère, pouvait pleurer, gémir et se désoler....., ou de celle de cet auguste père qui devait opposer une royale résignation à *la plus profonde affliction qui puisse accabler une âme humaine.*

« VINCENT DUVAL, D. M. P. (*),
Directeur de l'institut orthopédique de la Porte Maillot.

(*) Digne Médecin selon l'Ecriture Sainte, que nous avions comme annoncé dans la *Théologie des chemins de fer* (et par conséquent *de pavés*), précisément au lieu où nous prévoyions un *Deuil* extraordinaire dans les versets de l'*Ecclésiastique* que nous

Le *Journal des Débats* a singulièrement résumé la misère de la mort d'un Roi :

« M. le duc d'Orléans repose aujourd'hui royalement sous la voûte de Notre-Dame, au milieu de tous ces *simulacres de la grandeur* humaine que la religion ne permet dans ces temples que parce qu'ils portent jusqu'au Ciel, dit Bossuet, le magnifique témoignage de notre néant.

« Pendant trois jours, la dépouille mortelle du prince recevra les hommages et les larmes de la population de Paris.

« Et puis, la Religion viendra solennellement prier sur ses restes inanimés, au milieu de toutes les grandes autorités du pays et de toutes les pompes de l'Église et de l'État.

« Et puis cette longue scène de deuil sera transportée dans les caveaux de Dreux pour y finir.

« Neuilly, Notre-Dame et Dreux ! telles sont donc les trois dernières phases de cette destinée royale, qui, commencée dans l'exil, puis rendue au ciel de la patrie, longtemps caressée par la fortune, placée par une révolution sur la première *marche* d'un trône, embellie et agrandie par tous les bonheurs de la terre et par tous les dons de l'intelligence, a finalement ABOUTI AU PAVÉ sanglant de *Sablonville!* »

Et nous aussi, nous avons vu, nous venons de voir encore, *la Place*, on peut le dire, d'une *Révolution*.

avons reproduits à la page 12 de l'*Avertissement* du présent ouvrage, et qui suivent ceux-ci :

« 13. Il viendra un temps que vous tomberez entre les mains des **médecins** ;

« 14. *Et ils prieront eux-mêmes* le Seigneur, afin qu'il les conduise, à cause de leur bonne vie, au soulagement qu'ils vous veulent procurer.

« 15. L'homme qui pèche aux yeux de celui qui l'a créé.... *tombera entre les mains du médecin.* »

Nous y avons vu (*), de nos yeux, ce que nous nous refusions à croire : 1° *les deux Pavés*, exclusivement *monstres*, remplaçant les deux *consacrés* par le sang royal (ils sont un grand tiers plus gros que tous les autres, et ils sont les *derniers* et *la bordure* de la route !) ; 2° le *Poteau* marqué *n° Treize*, devant la maison même de *l'Epicier* si pauvre en dehors comme en dedans, qu'elle n'a qu'*une seule croisée* à chacun de ses *deux* étages ; 3° cette boutique ayant à sa droite celle d'un *Fumiste*, et à sa gauche celle d'un *Paveur* (en ligne droite avec les deux pavés régicides !) ; 4° et le Lieu fatal,... à deux pas de la belle grille du château de Neuilly !

Note (17) de la page 84.

On en a cité des traits uniques rapportés par les journaux : « Le jour de l'accident, Louis-Philippe, s'étant aperçu que la maison où l'on avait transporté son fils n'était pas gardée, dit à M. le maréchal Gérard : « *Comment ! pas de troupe autour de la maison ; où donc est Pajol ?* » C'est à la suite de cette observation, qui révèle que le prince savait suppléer ses ministres, qui presque tous avaient perdu la tête, qu'on fit venir de Courbevoie une compagnie du **17ᵉ**, qui escorta bientôt après le triste cortège jusqu'à Neuilly. »

Le *Globe* lui-même, le plus habile des journaux de sa couleur, a dit :

« Le bruit s'accrédite que, quelque temps avant la mort du duc d'Orléans, le roi se préparait à abdiquer, mais cette rumeur n'est pas accueillie par les personnes qui connaissent le mieux le caractère du souverain ; ce n'est pas un

(*) Et nous avons recueilli là même, sans la provoquer assurément, la *Rumeur publique* que les chevaux n'avaient pris le mors aux dents que parce qu'ils se souvenaient de leur écurie *anglaise*.

homme qui abandonnerait son poste par le désir de jouir du repos. Sans doute, ces personnes apprécient bien son caractère, mais le roi n'aurait-il pas pu être influencé par de grandes et importantes considérations à l'égard de sa dynastie ? Voici, dit le correspondant parisien, une anecdote rapportée par un témoin oculaire : Le roi, à la surprise de ceux qui connaissent le mieux sa fermeté, s'est conduit d'une manière admirable pendant l'autopsie du prince, et il causait avec toutes les personnes qui l'entouraient, montrant une fermeté très-grande. »

Dès le **20** : « Louis-Philippe, est arrivé aujourd'hui, à midi, du palais de Neuilly au palais des Tuileries, dans une *voiture à huit chevaux caparaçonnés de noir*. Les tambours n'ont pas battu aux champs.

« Immédiatement après son arrivée, Louis-Philippe, entouré de MM. les ducs de Nemours, d'Aumale et de Montpensier, a reçu, successivement, dans la salle du trône :

« MM. les ministres, les maréchaux et amiraux, le corps diplomatique ;

« MM. les pairs, ayant à leur tête M. le baron Pasquier, MM. les députés, ayant à leur tête M. Clément (du Doubs), etc.

« Le Clergé, ayant à sa tête Monseigneur l'archevêque de Paris;

« Les consistoires de l'Église réformée et de la confession d'Ausbourg ;

« Le consistoire central des Israélites. »

« Le chef de l'État tient à s'occuper de tout comme auparavant. Ces jours derniers, il a eu avec M. Cunin-Gridaine et M. Duperré une conversation d'une heure sur un projet de loi relatif à la pêche de la morue. On assure qu'il a donné lui-même tous les ordres relatifs aux funérailles de son fils aîné (*). »

(*) Des faits de ce genre sont dignes d'un roi; en voici qui ne sont pas même dignes de courtisans, et qu'on lit toutefois dans le *Moniteur...* du 27 *Juillet* :

« Le roi, sur le rapport de M. le ministre de l'intérieur et *l'avis du conseil des ministres*, a rendu l'ordonnance suivante :

« Palais de Neuilly, 18 juillet.

« Louis-Philippe, roi des Français,

« A tous, présents et à venir, salut.

« Nous avons ordonné et ordonnons ce qui suit :

« Art. 1er. Il est ouvert à notre ministre secrétaire d'État de l'intérieur, sur l'exercice 1842, un crédit extraordinaire de quatre cent mille francs pour la dépense des obsèques de notre bien-aimé fils le duc *d'Orléans*, prince royal.

« 2. La régularisation de ce crédit sera proposée aux Chambres lors de leur prochaine session.

« 5. Nos ministres secrétaires d'État aux départements de l'intérieur et des finances sont chargés, chacun en ce qui le concerne, de l'exécution de la présente ordonnance.

« *Signé* : LOUIS-PHILIPPE.

« Par le roi. Le ministre secrétaire d'État au département de l'intérieur.

« *Signé* : DUCHATEL. »

« Le roi a également rendu l'ordonnance qui suit, de *l'avis du conseil des ministres* :

« Neuilly, 20 juillet.

« Louis Philippe, roi des Français, etc.

« Vu 1° l'art. 4 de la loi du 7 mai 1837, qui a fixé la somme à payer sur les fonds du trésor public, à titre de douaire, en cas de veuvage, à S. A. R., notre bien-aimée fille, la duchesse d'Orléans, princesse royale;

Note (18) de la page 84.

Voici le récit de la terrible nouvelle apprise à l'auguste veuve, d'après le *Journal des Débats*, qui avait un député auprès d'elle :

« Madame la duchesse d'Orléans est arrivée ce matin, à neuf heures et demie au palais de Neuilly. Le roi et la reine attendaient S. A. R. à la descente de voiture, en avant du vestibule du *Petit-Château*, où les appartements de la princesse avaient été préparés. Le roi a reçu sa fille entre ses bras ; la reine l'a inondée de ses larmes. La duchesse sanglotait.... Mais comment raconter une scène qui n'a pas eu de témoin? Tout le monde s'était éloigné par respect pour ces premiers et augustes épanchements d'une si grave infortune.

« La nouvelle de la mort soudaine de M. le duc d'Orléans était parvenue à Plombières dans la journée du jeudi 14. M. le duc de Nemours, avant de quitter Nancy avait fait expédier à M. le lieutenant-général Baudrand une dépêche qui contenait ces mots : « Le duc d'Orléans est mort à

« 2° La loi du 25 juin 1841, portant fixation du budget des dépenses de l'exercice 1842 ;

« 3° Les art. 4 et 6 de la loi du 24 avril 1833 et l'art. 12 de celle du 25 mai 1834 ;

« 4° Les art. 26, 27 et 28 de notre ordonnance du 31 mai 1838, portant règlement général sur la comptabilité publique ;

« Nous avons ordonné et ordonnons ce qui suit :

« Art. 1er. Il est ouvert à notre ministre secrétaire d'État des finances, sur l'exercice 1842, un crédit extraordinaire de la somme de cent trente-neuf mille cent soixante-six francs soixante six centimes (189,166 fr., 66 c), applicable au douaire de notre bien-aimée belle-fille la duchesse d'Orléans »

Paris. » Quand le général reçut cette nouvelle, la u-
chesse venait de rentrer d'une longue promenade, et elle
se préparait pour le diner auquel plusieurs personnes
avaient été invitées. Le général courut chez le préfet, et
en revint bientôt avec une nouvelle dépêche, rédigée par
eux pour la circonstance, et dans laquelle il était question,
non plus de la mort, mais d'une maladie grave du prince
royal. La princesse reçut avec une émotion douloureuse
cette première et prudente communication de l'affreux malheur qui devait la frapper. Elle voulut partir sur-le-champ,
et le général disposa tout pour son départ immédiat. Deux
heures après, S. A. R. était en voiture. Elle voulut suivre
la route de Neufchâteau pour éviter Nancy. « Le duc d'Orléans me grondera, dit-elle en partant ; mais n'importe,
mon parti est pris ! »

« A quelques lieues en deçà d'Epinal, pendant la nuit,
la voiture de S. A. R. fut soudain arrêtée par la rencontre de
celle qui devait conduire à Plombières M. le commandant
Bertin de Vaux et M. Chomel. Ce dernier s'approcha de la
portière de la princesse, qui mit pied à terre avec une vitesse extraordinaire. « Quelles nouvelles ? demanda S. A.
R. toute tremblante. Il est donc plus malade ? » M. Chomel
n'eut pas la force de répondre. « Il est mort ! Je vous com-
prends ! » s'écria la princesse avec un accent déchirant ; et
on eût dit qu'elle allait succomber sous le poids de son
malheur. La crise fut longue et terrible.... Après avoir dit
qu'elle comprenait, la princesse ne voulait plus croire à la
réalité d'une catastrophe si épouvantable. « Non, cela n'est
pas possible ! s'écria-t-elle avec angoisse. Vous vous trom-
pez, il n'était pas mort ! Nous le retrouverons. Je le re-
verrai. »

« Cette scène de douleur à laquelle l'obscurité de la nuit

ajoutait son deuil affreux, durait depuis longtemps. La princesse fut reportée dans sa voiture ; elle ordonna de faire la plus grande diligence. Elle voulait arriver à temps « pour revoir mort, disait-elle, CELUI QUE LE CIEL L'AVAIT CONDAMNÉE A NE PLUS RETROUVER VIVANT! ».

« A Mirecourt, S. A. R. rencontra ses augustes sœurs, la duchesse de Nemours et la princesse Clémentine, qui venaient au-devant d'elle, et qui avaient déjà passé deux nuits. Elle monta dans leur voiture et continua sa route vers Paris, sans s'arrêter un seul instant.

« Arrivée à Neuilly, et après avoir été reçue par LL. MM., madame la duchesse d'Orléans a demandé ses enfants, qui lui ont été amenés. Elle les a pressés sur son cœur en les baignant de larmes.

« Ensuite S. A. R. a été conduite par LL. MM. dans la chapelle où repose le corps de M. le duc d'Orléans. La princesse s'est agenouillée et a fait une prière. Puis elle a demandé avec instance que le cercueil fût ouvert... Mais *cette suprême consolation ne pouvait plus être accordée* à sa douleur. *Le Cercueil avait été scellé avec du plomb....* »

Note (9) de la page **78**.

Nous avons fait voir, dans les pages 133, etc. de la *Théologie des chemins de Fer, de la Vapeur et du Feu* (la *Vapeur*, cause reconnue des tremblements de terre), tout ce qu'il y eut de vraiment miraculeux, de divin dans la dernière catastrophe de Saint-Domingue..., si bien correspondante à celles de Paris et de Hambourg.

Le *Quatre-vingt-treize* de ce *Buenos-Ayres...* qui fut jadis, sous le nom de *Paraguay*, en plus d'un sens, le *Pa-*

radis terrestre de la Chrétienté, au point d'en faire célébrer les moteurs, les *Jésuites* enfin, par Montesquieu dans l'*Esprit des Lois*, ce *Quatre-vingt-treize* est venu correspondre aussi juste au *Treize Juillet* de Paris, que la ruine du Cap *Français* au feu des wagons parisiens deux mois avant... Tant la Providence *fait écho* dans les deux mondes!

Voyons seulement cet extrait du journal privé d'un Français, publié par les journaux publics de Paris :

« 10 *juillet*. — Aujourd'hui rien de nouveau; le sang a coulé comme à l'ordinaire. En rentrant, sur les 9 heures, j'ai heurté un cadavre, il m'a semblé qu'il respirait encore.

« 2 heures du matin. — Impossible de dormir, un cauchemar affreux vient de me réveiller en sursaut... Ce cadavre que j'ai heurté respirait encore... Malheureux que je suis! c'était peut-être mon meilleur ami, et je l'ai fui comme un pestiféré... Je n'ai donc ni entrailles, ni cœur : oh! la peur! la peur!!! Cependant j'étais brave (je n'ose plus dire que je le suis encore), j'ai affronté mille dangers sur terre et sur mer... Alors que ma vie était pleine de poésie, je la jetais au vent, gaiment. Et maintenant, pleine de tourment, je la chéris avec frénésie. Comment expliquer cela?

« A l'affaire de Coladeras, j'ai chargé en tête de l'escadron, à gauche du brigadier. — J'étais on ne peut plus tranquille. Nous fûmes repoussés, et il fallut fuir; mon cheval suivit les autres : je le laissai faire. Dans la poursuite, je sentis le fer d'une lance me pénétrer le bras gauche : je ne tremblai pas une seconde; donnant de l'éperon à mon cheval, je me couchai sur son col et je déchargeai un pistolet que je tenais de la main droite, sur le cavalier qui m'avait blessé.

« Mais maintenant, à la seule pensée des larges coutelas de la Mas-Horca, je frissonne, une sueur froide découle de mes membres, je suis hors d'état de vendre ma vie aux assassins, je suis incapable d'opposer la moindre résistance.

« Ciel ! qu'entends-je ? C'est le *sereno*. (On entend dans la rue : Viva la Federacion ! viva el restaurador ! mueran los salvagos unitarios ! Mueran los asquerosos Franceses ! Las tres en punto y nublado.)

« On pourrait apercevoir ma lumière et remarquer ma demeure, il faut l'éteindre et dormir ou trembler.

« Vivrai-je demain ?

« 11 juillet. — Aujourd'hui je suis sorti, mais comment suis-je sorti ?

« Une devise rouge à mon chapeau, et le portrait du dictateur Rosas et de son épouse à la boutonnière de mon habit... O honte !

« Je suis passé sur la place de la Victoire ; au sommet de l'obélisque, il y avait une tête : on disait dans la foule que c'était la tête du général Lavalle ; mais je crois que ce bruit est faux, car s'il était réel, grand Dieu, où serait notre espoir ?

« Parmi les têtes qui étaient placées sur la balustrade qui entoure l'obélisque, et Dieu sait si elles étaient nombreuses !... j'ai reconnu celle de don Pedro L... Certes, j'ai été bien étonné de la trouver là : je l'avais toujours cru un grand fédéral et un partisan de la Mas-Horca. Mais je vois à présent que toutes les révolutions sont sœurs et que leurs principes sont les mêmes : Intimider pour gouverner.

« Que de véracité dans ces paroles de Vergniaud, le Girondin régicide : « La révolution est comme Saturne, elle dévore ses enfants. »

« Sur les 7 heures j'ai été faire un tour sur l'Alamada. Quelle soirée admirable ! Le fleuve était calme, la brise molle et le ciel pur. Les navires du blocus se balançaient sur la Plata; squelettes gigantesques, déjà le crépuscule semblait les couvrir comme un suaire : on voyait cependant encore les trois couleurs flotter à leurs antennes, indécises et tremblottantes.

« Un éclair, deux éclairs, plusieurs éclairs, de petits nuages blancs se détachant des navires, un coup, deux coups, plusieurs coups de canon : les pavillons et les flammes sont amenés; c'est la station qui a salué le coucher du soleil. Le fort et la batterie de 48 saluent à leur tour : tout rentre dans le silence. Les promeneurs diminuent; à 8 heures, je suis seul sur cette promenade enchanteresse, où, avant le blocus, on trouvait encore mille personnes après deux heures du matin : c'est pourtant le règne de la liberté.

« Il est nuit, la lune se lève à l'horizon, ses reflets se miroitent sur les ondulations de la Plata. Pas une embarcation sur les bords du fleuve, l'autorité craignant les évasions les a fait rentrer à la bocca. Comment faire; comment gagner les navires qui sont là? Oui, là; mais d'ici là il y a trois lieues, trois lieues à la nage ! c'est impossible. N'importe, je vais descendre avec le jusan (marée descendante); le banc sera à sec, je me reposerai : si je réussis, je suis sauvé.

« Qu'est-ce qui brille là-bas, au pied du fort ?

Ce sont les fers des lances d'un escadron de cavalerie; leurs chevaux sont dans l'eau jusqu'au poitrail, ils quittent les fuyards, mon projet est manqué.

« Rentré chez moi, barricadé dans ma chambre, j'écris mon journal, que je cache dans un endroit que je n'ose prononcer tout haut ; je me souviens du drame de Victor Hugo : le *Tyran de Padoue.*

« Je vais m'endormir, bercé par les chants de mort des *serenos.*

« 12 juillet. — Je n'ose en croire mes yeux, cependant je l'ai vu : quelle horreur ! En traversant la rue de l'Université, je me suis trouvé sur le passage du cortége des prisonniers unitarios, que l'on transférait du camp de Santos-Lugares aux cachot du fort.

« L'escorte des prisonniers, à dessein sans doute, était peu nombreuse. La plus vile, la plus dégoûtante, la plus crapuleuse et la plus bigarrée de toutes les populaces du globe, précédait, suivait et entourait les prisonniers, hurlant, beuglant et vociférant des cris de mort.

« Quelques femmes qui comptaient parmi les prisonniers des frères, des pères ou des époux, étaient venues sur leur passage pour les voir une dernière fois : que de tristesse ! que de deuil ! que de larmes ! sur les figures de ces femmes, de ces belles Portinas, les plus belles de l'Amérique, les plus belles du monde !

« Bientôt la *populace, armée de coutelas,* se rue sur les prisonniers attachés et sans défense ; l'escorte, loin d'opposer la moindre résistance, se détache et abandonne les unitarios à leurs assassins, sous les yeux des personnes qui leur sont les plus chères.

« Le massacre commence : le sang des fils, des frères, des époux et des pères, coule, ruisselle et rejaillit sur les mères, les sœurs, les filles et les épouses.

« Le massacre cessa quand le dernier des prisonniers eut expiré.

« Les femmes avaient essayé de fuir ; mais les rues sont

sans issues, les portes fermées, barricadées, et la commisération proscrite : la pitié mérite la mort.

« Cependant, les égorgeurs s'aperçoivent que ces femmes ne portent pas de cocarde : elles pleurent; elles prient; leurs larmes, leurs supplications sont inutiles; ces monstres, couverts de sang, les pressent dans leurs bras, leur coupent les cheveux, et leur fixent sur la tête, avec de la poix, la *cocarde rouge*, couleur du fédéralisme, de la liberté, de l'égalité, etc.

« Celui qui n'a pas vu de pareilles scènes d'horreur peut à peine y ajouter foi. C'est seulement à présent que je me rends compte des faits de la révolution française, faits que la génération future refusera de croire.

« Après ce que j'ai vu, je ne puis douter qu'il ne se soit trouvé en France des hommes capables de dévorer le cœur de la belle madame de Lamballe....

« Sur le soir, les cloches de toutes les églises sonnaient à grande volée; les canons du fort et de la batterie tonnaient; la société de la Mas-Horca, fidèle imitation du club des Jacobins, promenait en triomphe le portrait du dictateur Rosas... Que sera-ce demain 13 JUILLET? »

APPENDICE.

DIEU DEVANT PARIS

dans la Journée du 13 Juillet,

PAR M. JULES JANIN.

Notre *Dieu*, à nous, était depuis longtemps fini, à quel-
faits près, lorsque le *Prince royal* de M. Janin nous est
tombé sous la main, et nous a fait admirer la dernière Providence du nôtre, qui sait se placer au milieu, dans l'âme,
et par conséquent sous la plume, de ses oublieurs : *In medio
inimicorum.* **PS.**

Les *Pierres* ont la mission de *parler*, les *Pavés* de changer les dynasties, M. Jules Janin a sa mission comme les autres choses. Il en a même plusieurs : la première et la plus
petite de rappeler aux rois entourés, encombrés *d'amis imprudents,* le

> Mieux vaudrait un sage ennemi,

d'un autre ami imprudent (tout poëte est imprudent de
sa nature) de roi :... le *bon Lafontaine.*

La seconde de raconter sans le savoir (ce qui constitue le
récit le plus démonstratif), de raconter à l'usage du
plus grand nombre, et, grand enfant, de mettre à la portée

des petits les faits que la philosophie ne veut ou ne peut savoir.

Pauvre ou riche *Enfant gâté* des *Débats!* Vous pensiez ne dire que : *Prince royal*, et vous avez dit : *Dieu* faisant et défaisant les Rois, et ce *Droit divin* qui fait trembler vos *Débats* bien autrement que le *National.*

Vous avez même dit à un, à deux, à trois des *titres* de votre livre, ce *Paris*, condamné ce *Paris* que vous savez et qui vous sait par cœur, qui vous a corrompu et que vous corrompez à votre tour.

O temps! ô mœurs!

Donc voici votre premier *Paris* :

« Hélas! il n'y a pas déjà si longtemps, au milieu des joies de l'an 1837, nous avons suivi de bien près toutes les fêtes de cet heureux mariage, nous avons été les témoins émus et charmés des fiançailles de Fontainebleau, des fêtes de Versailles, des solennités de Paris, et du bal brillant de l'Hôtel-de-Ville, retardé par les malheurs du Champ-de-Mars. A cinq ans de distance, *juste ciel! et presque jour pour jour*, quelle différence! D'un côté des villes heureuses, des populations qui se précipitent au-devant d'une noble princesse, des chemins jonchés de fleurs, le roi qui attend au sommet de l'escalier de Fontainebleau sa fille nouvelle; la princesse Marie vivante encore, grand œil noir et sérieux qui jetait sa dernière flamme; la reine triomphante, et au milieu de ses frères enchantés, le prince royal, dans tout l'éclat, dans toute la beauté, dans toute la force de la jeunesse... c'était l'heure solennelle où *l'arc de triomphe de l'Etoile s'était degagé de son linceul*, où le musée de Versailles allait s'ouvrir, jours heureux entre tous parmi ceux de la monarchie de juillet! Mais aujourd'hui *soudain tout change :* la route de Neuilly,

ce facile sentier qui réunit le palais du roi au foyer du père
de famille, se couvre de sang et de larmes; le char de triomphe devient un char funèbre. »

Troisième *Paris* :

« Pourquoi faut-il que de si belles journées, celles des
Noces du Prince royal (*), aient tout à coup été traversées
par les *malheurs du Champ-de-Mars ?* Certes, après les fêtes
intimes de Fontainebleau, après les merveilles nationales
de Versailles, après la brillante réception de cette jeune duchesse d'Orléans, applaudie et fêtée par la France comme

(*) « Les anciens regardaient le mois de *Mai* comme malheureux pour le mariage; cette superstition venait sans doute de ce
qu'on célébrait la fête des *Esprits malins* au mois de *Mai ;* et
c'est à propos de cette fête, qu'Ovide dit au cinquième livre de
ses *Fastes :*

> *Nec viduœ tœdis eadem, nec virginis apta*
> *Tempora ; quœ nupsit, non diutura fuit.*
> *Hac quoque de causâ, si te proverbia tangunt,*
> *Mense malas Maïo nubere vulgus ait.*

« Que les vierges ou les veuves se gardent bien d'allumer dans
« ce mois les flambeaux de l'hyménée ; ces flambeaux se change-
« raient bientôt en torches funèbres. De là vient que le vulgaire
« dit : *Noces de Mai, noces mortelles.* »

« Cette superstition a passé des païens chez les chrétiens, et elle
existe encore dans plusieurs pays de l'Europe. Il est certain qu'on
pourrait la justifier par des exemples assez frappants. Henriette
de France, fille de Henri IV, épousa Charles Ier, le 2 *Mai*, et l'on
sait que Charles Ier périt sur un échafaud ; Marie-Antoinette
d'Autriche avait épousé Louis XVI, le 16 *Mai* » (*Éphémérides* de
Noël, inspecteur général de l'Université, imprimés chez le Nor-
mand, comme les *Débats*).

Aussi voyez une catastrophe et même deux catastrophes du genre
des nôtres marquant le Mariage et même la Naissance de l'infortuné

une sœur ; après tous ces triomphes du camp et de la ville ,
sur les grands chemins bordés de fleurs ; après cet *éclatant
soleil* qui est venu rendre à l'année son printemps et aux
campagnes leurs moissons ; dans le profond silence de tous
les partis, qui n'ont plus qu'une voix pour louer Versailles,
celui-ci au nom de la vieille histoire, celui-là au nom de
la royauté de Louis XIV; l'un en l'honneur de **1789**,
l'autre à la gloire de l'empereur, quelques-uns même à
l'aspect de Charles X et de cette restauration qui s'est
perdue par sa faute , mais qui tient sa place dans le
musée de Versailles ; le plus grand nombre enfin at-
tirés par cette grande révolution de Juillet, qui occupe
une des plus belles salles du palais restauré de Louis XIV ;
certes, au milieu de tout ce calme, de cet épuisement
des partis, de cette allégresse générale, c'est chose triste à
voir, à entendre et à raconter, que *l'accident terrible du
dernier jour de fête.* Ainsi il n'y a pas de beau jour sans
nuage, pas de fête sans lendemain , pas de bonheur pour
les peuples comme pour les rois, qui ne leur rappelle toute

Louis XVI, le *second* fils du Dauphin , et qui porta d'abord le
nom malheureux de *duc de Berry :*

La Dauphine étant accouchée à Versailles la veille de Saint-
Louis, lorsque la cour était à Choisy, on expédia un Courrier qui
tomba de cheval raide mort sur le pavé à son arrivée, sans avoir
pu faire entendre l'objet de sa commission.

Et dans la fête que donna la Ville au mariage du jeune Roi ,
près de 1,000 Parisiens furent écrasés et laissés morts sur la
Place.... Louis XV, depuis celle de la Révolution !....

Et dites, si vous pouvez, que de telles calamités sont des effets
du hasard !

Comme saint Paul dirait encore aux *Galates* de nos jours : *O
insensati Galatæ, quis vos fascinavit non obedire Veritati, ante quo-
rum oculos....*

la *tristesse inévitablement cachée* parmi les plus grandes joies.

L'Hôtel-de-Ville se préparait à recevoir le roi Louis-Philippe comme il avait reçu autrefois le roi Louis XIV. Grâce à une incroyable diligence, ce vieil Hôtel-de-Ville était devenu comme par enchantement un lieu d'éclat et de féerie. Ces sombres murs avaient revêtu les couleurs les plus riantes; ces vastes cours s'étaient chargées des plus beaux ombrages; du haut en bas de cette terrible maison, qui veille sur toutes les maisons de la Cité, la fête se hâtait dans toutes sortes d'appareils. Pour cette fête que la ville donnait au roi, il n'y avait pas dans la ville assez de vins précieux, assez d'orangers, assez de fleurs, assez de plumes, de broderies et de velours, assez de noms illustres, assez de femmes jeunes, belles et parées. Il fallait voir en passant le vieil Hôtel-de-Ville étonné de tout ce bruit, de toute cette joie, de toute cette parure, se laissant parer et dorer du haut en bas, et, malgré son air maussade, très-heureux et très-fier de cette nouvelle parure. Tout autour de cette ruine restaurée, les vieilles maisons qui l'obstruaient depuis des siècles tombaient l'une après l'autre, comme pour lui donner enfin un peu d'air, de mouvement et de soleil. On disait de toutes parts que ce serait un admirable spectacle ce vaste hôtel tout resplendissant du bruit, de l'éclat, de la pompe de cette fête nationale, et déjà à l'avance toute la ville était en émoi.

La veille de ce jour, la fête commençait déjà. Toute la grande cité était conviée *aux Champs-Elysées,* dans le Champ-de-Mars, partout le bruit, partout le mouvement, partout la fête! De très-bonne heure le Champ-de-Mars était rempli, et les curieux contemplaient de loin ce fort d'Anvers bâti tout au milieu de cette place guerrière. Les soldats du génie avaient copié cette citadelle avec leurs souvenirs d'hier. Dieu merci! ils l'avaient vue d'assez près pour ne pas oublier une seule tourelle. — Cette citadelle d'Anvers, qui a fourni au prince royal l'occasion de faire ses premières armes, devait être prise le même soir. Le peuple de Paris avait été attiré de bonne heure par cette admirable odeur de poudre à canon, qui l'enivre mieux que ne fait le punch enflammé. Partout où va le canon va le peuple; le peuple suit le canon au pas, au pas de charge; ils passent l'un et l'autre, le canon et le peuple, par les mêmes sentiers, frayés ou non frayés. Ainsi ce soir-là, ils s'étaient arrêtés l'un et l'autre au milieu du Champ-de-Mars.

Vous dire *la beauté de cette scène nocturne*, *l'éclat* du ciel, la sérénité de la lune, la teinte rougeâtre de cette citadelle, qui s'élevait silencieuse et sombre au milieu de ce parc d'artillerie prêt à la foudroyer, surtout vous dire toute cette immense foule, c'est impossible. *Tout Paris s'était porté sur les hauteurs.* Cet emplacement vide et désolé qui domine le Champ-de-Mars, et qui n'est plus aujourd'hui que *la plus lamentable des ruines*, c'est-à-dire l'emplacement vide d'un palais impérial, était chargé de tout un peuple de femmes, d'enfants, de vieillards, de soldats, de jeunes gens empressés et goguenards : ils s'échelonnaient les uns sur les autres, et les plumes les plus actives ne sauraient décrire ces cent mille bruits, ces cent mille mouvements; ces cent mille échos répandus de toutes parts, sur les hauteurs et dans la plaine, sur le gazon et dans les arbres, sur le pont, sur les arches du pont, qui étaient chargées de statues vivantes; il y avait tant de foule et tant de bruit à deux lieues à la ronde qu'au milieu du Champ-de-Mars, c'était presque le silence et l'étendue monotone du désert. — Et tout ce peuple était attentif comme est attentif *le peuple parisien, c'est-à-dire qu'il riait aux éclats,* qu'il se livrait aux luttes innocentes, et qu'en attendant la bataille qui allait venir, il se jetait à la tête le gazon sur lequel il était assis.

Peu à peu le jour s'en va, la lune se lève au milieu de transparents nuages; par un sentiment incroyable, ce Champ-de-Mars tout à l'heure si rempli se resserre; on fait place autour des canons; bientôt ce peuple debout s'asseoit sur les tertres, sur le gazon, et il attend déjà avec moins d'impatience. *Celui qui écrit ces lignes peut parler de ce moment solennel, car il y était,* et il a vu de très-près toute cette fête, qui se devait terminer d'une façon si lamentable. En ce moment on était à l'aise au Champ-de-Mars : quelle que fût la foule, le Champ-de-Mars pouvait contenir encore cent mille personnes. Qui donc eût pu jamais croire que parmi ces spectateurs si curieux, si joyeux, si heureux de vivre, qui étaient sortis de leurs demeures pour voir brûler de la poudre, pour entendre gronder le canon et promener leurs femmes et leurs enfants, trois grandes joies! il y en aurait dans une heure, hélas! qui allaient mourir?

Tout à coup cependant le bruit commence; le feu s'illumine, le canon muet élève sa voix. — *J'entends tousser le brutal!* s'écrie le peuple dans son langage énergique. Et en effet, le canon gronde, la fusillade lui répond; des deux côtés du fort l'artifice joue le rôle des obus et des boulets rouges.....

Cette joie immense a duré trois quarts d'heure. De temps à autre la lune, si sereine toujours, calme, heureuse et impassible témoin de tant d'agitations terrestres, se couvrait *d'une vive rougeur.* Après une longue résistance, le fort commençait à se rendre ; déjà son feu était moins nourri, déjà dans le lointain on entendait d'innombrables tambours battre le pas de charge ; enfin victoire ! une pluie de feu tombe sur la citadelle, elle l'embrasse de toutes parts ; le canon français crie Victoire ! et sur les débris fumants de cette citadelle superbe flotte le drapeau tricolore aux immenses applaudissements de cette multitude, ravie comme si elle revenait en effet de la bataille et qu'elle eût repoussé l'ennemi.

Tout était dit ; la dernière fusée avait perdu dans le ciel sa dernière clarté, le dernier coup de canon avait retenti au loin, les derniers applaudissements s'étaient fait entendre, un épais nuage de la poudre enflammée s'élevait lentement et comme à regret ; alors la foule reprit le mouvement et se porta vers les issues du Champ-de-Mars. Comme je l'ai dit, *nous étions* au milieu du Champ-de-Mars, tout en face de la citadelle, et nos oreilles étaient encore tout étourdies de cet immense bruit, et nos yeux tout éblouis de ce vif éclat ; nous voulûmes regagner le faubourg Saint-Germain par la grille qui touche à la caserne, et lentement nous suivions la foule qui marchait lentement et d'un pas très-calme. On allait, on marchait sans effort, et rien ne paraissait plus facile que de sortir du Champ-de-Mars, quand *tout à coup*, sans qu'un seul cri se fît entendre, la foule s'arrête, elle recule ; on dit autour de nous que la porte est fermée et qu'on ne passe pas. — A CETTE PORTE ÉTAIENT TOUS LES MORTS !

Comment ce malheur est arrivé à vingt pas de nous, sans que nous ayons entendu un seul cri d'effroi, sans qu'aucun mouvement nous vînt avertir que *la mort était là-bas ;* comment, tout d'un coup et sans savoir pourquoi, toute la foule qui avait à sortir par cette porte fatale, s'en est éloignée, aimant mieux traverser tout le Champ-de-Mars que s'obstiner plus longtemps à *cette horrible issue; comment les uns sont morts et pourquoi les autres ont été sauvés;* ce qui poussait ceux-ci à leur perte, ce qui a arrêté ceux-là, il est impossible de le dire; il est même impossible d'imaginer que tant d'hommes puissent être étouffés ainsi, *sans plus de bruit qu'une vingtaine de pigeons dans un colombier.*

Une fois tiré de ce pas, que nous ne savions point si difficile, nous avons trouvé le Champ-de-Mars à peu près vide. Quelques curieux plus osés que les autres avaient franchi, malgré la sentinelle, les palissades du parc d'artillerie, et ils s'approchaient des canons muets et chauds encore sans que la sentinelle y prît trop de garde. Tout avait un air si calme et si tranquille, et cette foule s'était écoulée, on peut dire même éclipsée si promptement, que pour tous ceux qui étaient ce soir-là dans le Champ-de-Mars ç'a dû être le lendemain *une horrible nouvelle,* et bien féconde en réflexions.

Le plus ému à ces tristes récits, c'a été le duc d'Orléans. Il était cinq heures du matin quand le ministre de l'intérieur lui vint apporter cette fatale nouvelle. Triste réveil après tant de joies amoncelées! On voulut en vain cacher quelques heures encore cette horrible aventure à madame la duchesse d'Orléans; avec cet instinct merveilleux que donne le cœur, madame la duchesse d'Orléans comprit à l'instant même que *quelque chose* s'était dérangé dans son bonheur. Tout le château des Tuileries se réveilla *comme frappé de la foudre;* à chaque instant on comptait les morts, à chaque instant c'était un nouveau désastre.....

La ville de Paris ne sut que bien longtemps après le roi tous ces désastres; le conseil municipal, ainsi troublé dans les préparatifs de sa fête, s'assemblé à l'instant même pour savoir si la fête aurait lieu.....

M. le duc d'Orléans, impatient de ces débats et de ces lenteurs, veut lui-même s'en expliquer avec le conseil de la ville. Il ne se donne pas le temps d'attendre sa voiture, et, montant dans celle de M. le comte de Montalivet, il arrive à l'Hôtel-de-Ville, dans la salle du conseil, et là, d'une voix émue et avec une conviction pleine de tristesse et d'énergie, le prince royal prononce ce discours :

« Messieurs, a dit le prince, j'ai voulu venir moi-même
« vous exprimer, au nom du roi qui m'en a chargé, et
« en mon propre nom, la vive émotion qu'a excitée en
« nous la démarche que vous venez de faire. J'ai voulu
« vous dire à tous, comme déjà je l'ai fait connaître á
« votre commission, les raisons que j'ai, le vif désir que
« j'éprouve de voir ajourner le bal qui devait avoir lieu
« ce soir.

« Ces raisons, Messieurs, sont de deux sortes : les unes
« doivent être comprises de tous les bons esprits; les autres
« sont toutes de sentiment et de cœur. Je ne pense pas que
« les premières puissent être l'objet d'aucune objection
« sérieuse, ni qu'il soit possible de différer d'opinion sur
« l'effet moral d'une fête donnée dans une semblable cir-
« constance : les autres, celles qui sont un instinct du cœur,
« un résultat de l'impression qui me domine, je vous prie
« de les entendre et de les peser.

« *Un grand malheur est arrivé hier,* malheur dont on
« ne peut accuser *personne,* mais qui n'en est pas moins
« réel. Ce triste événement a eu lieu pendant une fête
« *dont mon mariage était l'occasion.* Eh bien! Messieurs,
« je l'avouerai, j'éprouve une répugnance invincible à la

« pensée de me réjouir, de paraître même en public avant
« d'avoir rempli le devoir que m'impose ce déplorable ac-
« cident, et *avant d'avoir enterré les victimes...* »

Dernier *Paris* et *Neuilly* :

« Pourquoi faut-il qu'une destinée royale si brillante soit
tout à coup et *si misérablement* interrompue ? A peine com-
mencions-nous cette histoire de toutes les prospérités de la
gloire et de la jeunesse, que déjà notre récit s'interrompt et
se brise. Cette *illustre* biographie s'arrête éperdue, malheureuse, *frappée par la mort.* Nous en étions à l'espérance à peine, et nous voilà en plein deuil. Il nous faut,
hélas! abandonner pour jamais ces fêtes brillantes, ces palais
splendides, ces jardins de François Ier et de Louis XIV,
ces fêtes de l'hyménée, ces joies, ces bonheurs, ces triomphes... et pourquoi faire, JUSTE CIEL ! pour quelle tristesse? pour quelle *pitié?* pour quelle douleur ?

Sur les rives de la Seine, quand vous avez traversé les
Champs-Elysées et l'arc de triomphe de l'Etoile, en laissant
à votre gauche le bois de Boulogne, si vous faites encore
quelques pas du côté de cette maison qui se cache là-bas sous
les arbres, vous arrivez dans l'avenue qui conduit au palais
de Neuilly. Cette avenue est entourée de quelques jolies
maisons bourgeoises, entremêlées d'assez pauvres cabarets
où viennent se reposer les bourgeois de Paris le *dimanche,*
où *se désaltèrent les ouvriers des fortifications toute la semaine;* c'est un pèle-mêle incroyable de luxe et d'indigence,
de pauvreté et de misère. Ici les princes de la richesse, et
tout à côté de pauvres diables qui vendent à tous venants
leur pain bis et leur gros vin. Vous êtes à la fois dans l'endroit le plus splendide de la campagne parisienne et *dans
l'endroit le plus misérable.* Ici la maison bourgeoise des

ducs d'Orléans, maison et ferme tout à la fois, noble enceinte remplie de moissons et de vendanges, où le laboureur est le maître tout le jour, où, le soir venu, se pressent en foule les plus grands noms de la monarchie, et tout à côté de ces demeures royales, quelques pauvres échoppes qui tremblent au vent. Sur le chemin qu'on appelait naguère *chemin de la Révolte,* mais qui n'est plus qu'un *chemin de deuil* et de douleur, un riche Anglais, lord Seymour, s'est fait construire une demeure princière, véritable palais élevé par un riche amateur au luxe, aux beaux-arts et *surtout aux chevaux de course.* Là, tout en face, un pauvre marchand de vin s'était réfugié, lui et sa famille, dans une espèce de *trou sans air* et sans soleil où les pauvres gens allaient chercher une hospitalité d'une heure. Remarquez bien ce terrible passage, regardez la trace récente de ces *deux pavés* fraîchement enlevés ; voyez à droite et à gauche ces splendeurs et ces misères ; tout à l'heure encore le passant indifférent s'arrêtait à peine, mais maintenant il n'est personne qui ne fasse une halte en ce lieu. Nous étions au **13** juillet de cette funeste année **1842,** le prince royal devait partir le même soir pour aller commander quarante mille hommes au camp de Saint-Omer ; chemin faisant, il devait prendre sa femme aux eaux de Plombières pour lui faire partager la joie et les fêtes de ce voyage. Elle et lui, ils étaient attendus par ces populations empressées. Déjà se dressaient de toutes parts les arcs de triomphe, les fêtes se préparaient, et vous pensez si la princesse Hélène était heureuse. Le prince royal avait passé la nuit au château des Tuileries ; le roi et la reine étaient à Neuilly, et il leur avait fait ses adieux la veille, des adieux de quinze jours qui devaient être éternels. Ce jour du 13 juillet, le prince s'était levé plus matin que d'habitude ; il avait donné tous ses ordres pour le départ ; il s'était surtout inquiété des fourgons de la princesse royale. Lui-même il avait préparé à sa femme toutes sortes de surprises, car il était avant tout un mari tendre et dévoué. Sur les dix heures, son maître de mathématiques, M. Guérard, un savant homme qui pleure son meilleur et son plus illustre disciple, était venu pour assister au déjeuner du prince royal, et le prince, comme c'était son habitude, avait proposé à son maître un de ces difficiles problèmes qui font la joie des plus savants algébristes ; on trouverait encore sur l'ardoise de son cabinet d'étude cette dernière pensée du prince royal. Cependant, comme il avait encore du temps devant lui, il voulut aller dire un nouvel adieu à son père et à sa mère. Il pensait à la joie de cette arrivée inattendue. On ne l'attendait plus, on sera si heureux de le revoir. Donc il donne l'ordre que sa voiture soit attelée, et que cependant, si elle n'est pas prête pour onze heures, il ne sortira pas, car à midi il est attendu par d'importants devoirs. Malheureusement le prince royal n'était que trop obéi par ses domestiques, il avait une si bonne façon de commander. Donc à onze heures on lui dit que sa voiture était prête. Il a dit adieu à M. Guérard : « Au revoir, Guérard, et pas pour longtemps ; nous vous attendons aux eaux de Plombières. » En même temps M. Guérard l'entendit qui disait à son piqueur : « *A Neuilly, par la Révolte.* » Sa voiture était une calèche fort légère, traînée par deux chevaux attelés à la Daumont. Le prince royal avait pour les chevaux toute la passion d'un homme de son âge. Sans en faire son occupation principale, il y apportait toutes sortes de soins et de dépenses. Ses chevaux brillaient dans les courses de Chantilly et du Champ-de-Mars, son haras de *Meudon* avait une célébrité bien méritée, ses écuries étaient remplies de beaux attelages ; il aimait tout ce luxe du sport. Et comme d'ailleurs il était un *très-habile écuyer*, comme il était aussi leste que hardi, il n'avait jamais pensé au danger de cette passion pour le cheval. Plus d'une fois même des accidents imprévus avaient mis ses jours en péril : des chevaux qui s'emportent, des harnais qui se brisent, un essieu qui se rompt, une branche d'arbre qui vous heurte au passage, un sanglier qui revient sur ses traces... A tous ces accidents, le roi fronçait le sourcil, et d'une voix qui voulait être sévère : « *Monsieur, quand on a l'honneur d'être prince royal, on n'a pas des chevaux qui s'emportent et des essieux qui se brisent.* »

Les chevaux attelés au léger phaéton étaient deux chevaux anglais de haute taille et de forte encolure, deux bêtes ardentes et impatientes qui s'animaient par leur propre course, et qui couraient comme si elles voulaient se dépasser elles-mêmes. L'homme assis sur le porteur était un jeune homme très-adroit et très-habile ; il avait sauvé la vie au prince, et, le prince, qui l'aimait, se plaisait à être conduit par lui. De ces deux chevaux, le porteur n'était pas un animal des plus paisibles ; il avait toutes sortes d'impatiences soudaines et inexplicables qui le rendaient redoutable ; mais pour les amateurs de chevaux le danger est un charme de plus, le danger ajoute beaucoup à ces sortes de plaisirs

Par une de ces fatalités cruelles dont l'on ne se souvient qu'après l'accident, l'écuyer de M. le duc d'Orléans s'était plaint le matin même de son porteur, disant qu'il *ne répondait pas de la vie du prince ;* mais on n'avait répondu à ses plaintes qu'en lui demandant s'il avait peur. Ce sont là, du reste, de ces plaintes après coup auxquelles on ne s'attache que pour expliquer toutes les misères inexplicables ; toujours est-il que les chevaux allèrent leur pas ordinaire jusqu'à la barrière de l'Etoile. Plusieurs personnes reconnurent le prince et le saluèrent ; il était seul et dans les plus belles apparences de la santé et de la force. Jamais, en effet, il ne s'était senti mieux portant et plus heureux, et il le disait le matin même, dans cet orgueil innocent de l'homme qui sent en lui-même la force et l'énergie d'une vie de trente ans. Tout d'un coup cependant les chevaux s'animent, ils prennent le galop, ils s'emportent : la porte Maillot a bientôt été dépassée, et comme ils se précipitaient ardemment dans l'avenue qui conduit au château de Villiers, qui est une des dépendances de Neuilly, soudain ils se sentent arrêtés et poussés dans le chemin à côté. A ce moment, nul ne peut dire ce qui arriva, si le prince, *dans la crainte d'être brisé sur les fortifications*, a sauté de sa voiture, ou bien si quelque choc plus violent l'a précipité malgré lui ; mais enfin, quelle qu'en ait été la cause, le choc a été mortel, le prince a été *brisé sur les deux pavés* dont nous vous parlions tout à l'heure. Pas un mot, pas un cri, pas un geste, *rien, sinon le cadavre* d'un jeune homme de trente ans *que ramassent des maçons qui passent :* « Quel dommage, se disaient-ils un si beau jeune homme ! » Un gendarme leur annonça que c'était en effet S. A. R. le duc d'Orléans qui venait de mourir.

Les faiseurs de drames et les poètes qui entreprennent encore le poëme épique auront beau se mettre l'esprit à la torture pour inventer, pour arranger convenablement les plus poignantes douleurs, trouveront-ils jamais RIEN qui ressemble au drame qui se passa en ce moment ? Ces trois ou quatre hommes qui relèvent ce cadavre, ce gendarme qui dit le nom du mort, cette cabane qui s'ouvre pour le recevoir, non pas une cabane de paysan dont la pauvreté même n'est pas sans élégance, rustique misère dont la poésie et la peinture, et même l'histoire, ces grandes arrangeuses de toutes choses finissent toujours par tirer un beau et bon parti, mais un de ces intérieurs sans nom comme Paris seul en présente : du vin, de l'eau-de-vie, des tables rougies, des meubles brisés, des murailles lézardées, des matelas que l'on jette à terre dans l'arrière-boutique et sur lesquels était étendu l'héritier direct d'une si grande monarchie, pendant qu'à DEUX PAS DE LA, cette maison toute grande ouverte, la maison paternelle toute remplie de serviteurs empressés, la plus opulente maison de la France, sous ses lambris dorés, sous ses frais ombrages, la maison tout entière, y compris le roi et la reine des Français, appartient à ce noble jeune homme. Ah! c'est triste à dire, c'est triste à voir! Tel est pourtant l'*admirable bon sens* des hommes du peuple de France, qu'ils ont mieux aimé transporter le prince royal dans cette humble boutique habitée par un Français, que de le porter dans la maison hospitalière de lord Seymour. « Il n'est pas juste, disait un de ces hommes, qu'un prince de France meure chez un Anglais. »

Cependant, à Neuilly même, le roi *se préparait à venir aux Tuileries;* il prenait congé de la reine, il espérait arriver assez à temps à Paris pour embrasser son fils aîné encore une fois avant son départ; tout à coup, dans cette maison si calme, si heureuse, tombe *comme la foudre,* ce bruit avant-coureur de toutes les sinistres nouvelles. Vous ne savez pas encore ce qu'on vous veut, ni ce qu'on vous dira; mais déjà vous frémissez jusqu'à la moelle de vos os; l'épouvante s'empare de votre âme, vous restez muet, anéanti, confondu, éperdu : est-ce bien la réalité, ou plutôt n'est-ce pas le jouet d'un rêve funeste? Le messager lui-même qui vous apporte ces terribles nouvelles s'arrête soudain au milieu de son récit commencé; il se demande à lui-même s'il est réveillé ou s'il dort, et s'il est bien sûr du récit qu'il raconte. Telle a été l'angoisse de la maison de Neuilly ; puis enfin, quand le roi et la reine eurent compris ce qu'on voulait leur dire, que le prince royal, leur enfant bien-aimé, était là, à leur porte, étendu presque mort (on disait *presque mort* par pitié pour eux !), les voilà qui courent au hasard, tête nue, sans pleurer, sans demander où ils vont. Ils arrivent ainsi dans ce cabaret, qu'à peine avaient-ils remarqué dans leurs beaux jours, et ils se jettent à genoux au bord de ce grabat qui contient tout leur enfant. Que ceux qui pourront l'écrire racontent cette scène de deuil et de misère ; même ceux qui en ont été les bien tristes témoins ne peuvent et n'osent pas raconter ces sanglots, ces larmes, ces silences, ces étonnements, ces prières, ces angoisses stupides ; eux aussi, tout comme l'historien qui veut se mettre par la pensée au niveau de pareilles douleurs, ils n'ont rien vu, ils n'ont rien appris, ils ne savent rien : ne leur demandez rien, ils ne sauraient que vous répondre ; mais le plus étonné de tous ceux-là, ce devait être le propriétaire de cette masure. Quand il a vu arriver chez lui tous *ces fantômes de roi et de reine* qui pleurent sans vouloir être consolés ; quand il a entendu retentir, sous son plafond enfumé, tous les grands noms de cette monarchie aux abois, cet homme-là a dû se dire tout bas à lui-même : « *Pourquoi donc tous ces gens-là prennent-ils ma cabane pour le château de Neuilly ?* » Ce n'était pas le château de Neuilly, cette cabane, c'était désormais une chapelle funèbre ; cette cabane était devenue un tombeau, ce grabat s'était changé en autel.

A chaque instant accouraient à ce lit de mort les membres épars de la famille royale, madame Adélaïde, madame la princesse Clémentine, M. le duc de Montpensier qui revenait de Vincennes, M. le duc d'Aumale, qui arrivait de

Courbevoie. Quand cette nouvelle fut apportée à M. le duc d'Aumale, il était à la salle d'armes, *un fleuret à la main ;* cette nouvelle sembla l'abattre un instant à force de surprise et de douleur; mais bientôt, prenant sa course à tout hasard, le jeune prince se précipite sur le chemin qui mène à Neuilly. Un cabriolet de place venait de Paris; le cheval était fatigué, le cocher refusait de venir sur ses pas : « Va, dit le prince, songe que tu mènes un frère vers son frère qui se meurt. » Disant ces mots, il prend les rênes, le cocher bat son cheval, ils arrivent ainsi près de la maison mortuaire; mais à cet instant, *le cheval s'abat,* le cabriolet se brise, le *prince tombe à trois pas de là sur les pavés* ; il se relève, et prend sa course jusqu'au lit du duc d'Orléans : « Mon frère ! mon frère ! Oh ! Joinville, que vas-tu dire ? Oh ! Nemours, où es-tu ? » Aux cris déchirants de ce jeune homme, les assistants répondaient seulement par leurs sanglots.

M. Le duc d'Orléans n'avait reconnu *personne,* pas même sa mère; le reste de cette vie puissante et énergique qui était en lui luttait péniblement contre la mort : lutte horrible, acharnée, incroyable. De cette tête brisée, la pensée ne voulait pas sortir; de ce corps déchiré, *la vie ne voulait pas s'enfuir.* Un râle profond et sonore sortait de cette poitrine haletante; sur ses deux mains encore agissantes, la reine et les princesses versaient des larmes avec des prières si ferventes ! Le roi s'était relevé, il était debout, et la main sur la tête de son enfant, il le bénissait du fond de l'âme ! Cependant, tout en désespérant de la science, les médecins ne se ralentissaient pas; ils étaient accourus de toutes parts; le docteur Vincent Duval le premier, homme habile, dévoué, plein de science et d'énergie ; après lui, le chirurgien du prince, son ami, on peut le dire, le docteur Pasquier, ébloui et confondu, lui aussi, de tant de misères inattendues. Soins inutiles, *prières que le ciel n'exauça pas*, dernière et impuissante *torture infligée à ce cadavre*. Quand le roi vit qu'il n'y avait plus d'espoir, il envoya chercher la duchesse de Nemours que, dans sa prévoyance paternelle, il avait tenue éloignée de ce fatal spectacle ; en même temps était arrivé le clergé de Neuilly ; et la reine qui n'espérait plus qu'en Dieu, invoquant la sainte Rosalie de Palerme, sa patronne, tourna un dernier regard d'espérance vers les consolations de là-haut. L'agonie dura quatre heures. Enfin, le ciel eut pitié, non pas de ceux qui pleuraient, mais du jeune homme étendu sur ce lit de mort ; le prince royal rendit à Dieu son âme honnête et pure : les convulsions s'arrêtèrent, le râle cessa, il était mort. Dans une pièce voisine le roi entraîna la reine ; là s'étaient réunis les maréchaux de France et les ministres : personne ne parla à personne, le plus profond silence pouvait seul contenir tant de douleurs.

Sur un brancard fut placé le corps du prince expiré ; des sous-officiers du 17e régiment d'infanterie légère furent chargés de transporter ce précieux fardeau dans la chapelle de Neuilly. Par un singulier et triste concours, c'était avec les soldats du 23e, les *mêmes soldats des Portes-de-Fer*, des hauteurs de Mouzaïa, les mêmes qui avaient offert à leur jeune général la palme triomphale du Bibars. Pleurez, soldats, pleurez votre jeune capitaine ; pleurez le chef qui vous aimait, pleurez ce hardi courage qui vous conduisait à la victoire par ses vives et impétueuses saillies ; mais que dira l'armée d'Afrique, quand cette nouvelle funeste va retentir d'Alger à Constantine : « Le duc d'Orléans est mort ? »

Un manteau blanc avait été jeté sur le corps du prince,

comme on fait pour un général mort à l'armée. Le Roi et la Reine, madame la princesse Adélaïde, madame la duchesse de Nemours, madame la princesse Clémentine, M. le duc d'Aumale, M. le duc de Montpensier, suivaient à pied le cortége funèbre; venaient ensuite **M.** le maréchal Soult, les ministres, **M.** le maréchal Gérard, les officiers généraux, les officiers du roi, et puis la foule contristée, pleurante. A voir passer de loin cette immense douleur, ce père, cette mère, ces frères, tout ce monde royal qui parcourt d'un pas lent et désespéré l'avenue de Sablonville, on se serait demandé si ce n'était pas là *une de ces visions que nous montre Dante dans son poême.* Ainsi on entra dans le parc de Neuilly, déjà la chapelle était ouverte; heureuse chapelle! jusqu'à ce jour elle n'avait retenti que d'actions de grâces et de douces prières! La princesse Marie elle-même, quand elle mourut, n'avait pas reposé sur ses dalles; c'était le sanctuaire heureux de la famille, mais aujourd'hui la chapelle est pleine de deuil, elle s'étonne du cadavre placé là, le premier-né de la maison.

Quand le roi et la reine furent quelque peu abandonnés à eux-mêmes, et quand ils eurent considéré quelle perte ils venaient de faire, il n'est pas de plume assez éloquente qui puisse dire ce qui se passa dans leur âme; cependant le roi se rappela que l'espoir de la France était en lui; que, faute d'un homme, la monarchie ne devait pas périr, et que son devoir était, cette fois encore, de venir en aide à la monarchie qu'il a fondée. « *Avec lui je me sentais bien fort,* » disait le roi après les premiers sanglots. Son premier soin fut de réunir autour de sa personne la famille royale tout entière. A l'instant même le roi veut qu'on aille chercher au château d'Eu, et que M. Boismillon les ramène, les deux enfants du prince royal, le comte de Paris et le duc de

Chartres, deux orphelins maintenant, l'aîné plus à plaindre cent fois que son frère cadet, car *déjà la couronne le
menace*.....

Neuilly, Notre-Dame et Dreux! telles sont donc les trois
dernières phases de cette destinée royale, qui, commencée
dans l'exil, puis rendue au ciel de la patrie, longtemps caressée par la fortune, placée par une révolution sur la première marche du trône, embellie et agrandie par tous les
bonheurs de la terre et par tous les dons de l'intelligence, a
finalement abouti au *pavé sanglant* de Sablonville! »

P. S. Et qu'en finissant, nous disions aussi, nous, notre mot
décisif, le seul que n'aient dit ou seulement pensé les Chambres, sur la petite et nulle question de la Régence.

Le premier des quatre grands Prophètes, Isaïe, va jusqu'à raconter, dans son *second* chapitre, et les *causes*, et les *instruments*,
et les *conséquences* politiques de la catastrophe du *Treize Juillet* :
la Royauté d'un enfant, la Régence d'un jeune homme, et les
guerres civiles dont elles sont grosses :

L'amour de l'or : *Non est finis Thesauronum ejus.*

La manie des Chevaux et des Voitures de luxe : *Et repleta est
terra ejus Equis ; et innumerabiles Quadrigæ ejus.*

La hauteur des grands qui sera abaissée, et le *Dieu seul grand*
en ce jour-là : *Incurvabitur altitudo virorum : Exaltabitur autem
Dominus Solus in die illâ.*

Et le Dieu qui dit : Je leur donnerai des *enfants* pour rois et
des *efféminés* pour Dominateurs : *Et dabo pueros principes eorum,
et effeminati dominabuntur eis*

Et le peuple qui s'ameutera, etc., et la populace qui se soulé-
vera contre les Nobles (nous en refaisons) : *Et irruet populus....
Tumultuabitur ignobilis contrà Nobilem.*

Enfin le frère qui dira à son propre frère : Soyez notre Roi, et
soutenez la ruine qui nous menace : *Apprehendet vir fratrem
suum....*

Princeps esto noster, ruina hæc sub manu tuâ....

Est-ce à dire que nous blâmions la *Loi*, puisque *loi* il y a, qui
vient de décerner la Régence au second fils du roi ?

Dieu nous en garde ! Elle est bien autrement *naturelle* encore
que ne fut celle qui donna la Royauté au Roi lui-même.

La loi qui eût donné la Régence à la Duchesse d'Orléans, même
catholique (et nous la croyons telle aujourd'hui dans l'âme), eût
été à la fois pour elle un Effroi, et pour les Rois héréditaires que
nous avons faits un Affront.

Si la Régence du duc de Nemours devait jamais être fatale à la
France, la Providence qui a su si vite, et si bien, lui donner un
titulaire, ne manquerait pas de moyens pour la prévenir.

Dieu, une fois posé *devant Paris*, s'y trouve posé à jamais.

Mais, à moins qu'ils ne se trouvent ou qu'ils n'espèrent être ministres pour en faire leur profit un moment, des *poètes* ou des
avocats savent-ils cela ?

Quant au Comte de Paris, comment ne l'aimerions-nous pas ?
C'est un Enfant !... Et il pourrait un jour, lui aussi, dire comme
l'*Agneau* au Loup de la *Fable... cherchant à le dévorer :*

Comment l'aurai-je fait, si je n'étais pas né ?

Et voilà pourquoi nous voyons avec peine les malheureux
emblêmes dont les Représentants actuels de l'Hôtel-de-Ville
ont affublé l'*Epée* qu'ils lui ont donnée. — On y lit bien ce mot :
Dieu le conduise,... mais avec un *Serpent d'or* à la *Garde* ; — une
Chimère... adossée à la Couronne ; — et « sur le côté droit de la

lame : *un Char attelé*, des *blessés qu'on transporté*, des *femmes éper-dues qui s'enfuient*, des *Prières au pied des autels.* » (*Essai sur les Comtes de Paris*, 1841, *dédié à l'Enfant avec l'agrément de son auguste Mère.*)

Quoi qu'il en soit, et en attendant, si j'étais propriétaire de Neuilly, si grand-Père et Régent du Comte de Paris, *si j'étais Roi* enfin

(Sous un Roi citoyen, tout citoyen est Roi),

j'aurais déjà intitulé la *Route de la Révolte : Chemin de Dieu*, et je donnerais aussi ce *Vocable* à la Chapelle éloquente que je mettrais à la place des *Deux Pavés*, en me rappelant même ces mots du Sauveur : *Et sur cette Pierre je fonderai mon Eglise, et les Portes de l'Enfer* ne prévaudront point contre elle.

Et alors seulement, au lieu de ne plus quitter le seuil où le *Deuil* (de : *Dieu*) de Neuilly, ou de n'y revenir qu'avec effroi, *et*, *monté jusqu'au faîte*, je ne le quitterais chaque jour qu'en *aspirant à y redescendre* : car tout *supplice supplie*, comme dit le comte de Maistre, et tout *Delice*, et jusqu'au nom de *Délice*, ne saúrait venir que de *Dieu*.

S'il y avait jamais un jour une vraie couronne pour le *Comté de Paris*, ce serait par des actes et des sentiments comme ceux-là.

Qui vivra, verra !

FIN.

GRAVE ERRATUM.

Page 77, ligne 2, transposez les mots : *de la Révolte*, tout à la fin de la phrase.

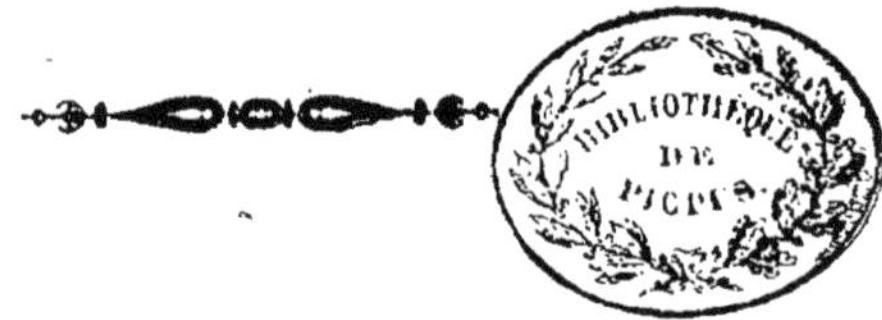